蔡朝阳／著

我家有个小学生

上海社会科学院出版社
SHANGHAI ACADEMY OF SOCIAL SCIENCES PRESS

目录

contents

第 2 章　陪你去看流星雨

第 3 章 你有权一生虚度光阴

第 4 章　爱是生命的自由状态

第 5 章　读厚厚的书，是为了跟你说浅浅的话

序　因父之名

公元1634年，时为明崇祯十七年，一天晚上，张岱叫了自家的戏班子，请了亲朋好友七百多人，在绍兴城内的蕺山上张灯结彩，唱了整整一晚大戏。一时间，歌舞升平，宛如盛世再兴。然而，仅仅十年后，明王朝就灭亡了，崇祯帝自缢于北京煤山。未几，也是在这座蕺山上，一代大儒、浙东学派领袖刘宗周绝食而死，不食周粟，以殉前朝。

菜虫所念的蕺山小学，便处于蕺山脚下。山因越王勾践在此栽种蕺草（**蕺，音jí，即鱼腥草**）而得名，与府山、塔山齐名，为绍兴古城三个坐标点之一。这座小小的山，见证过无数历史的兴亡顺替、悲欢离合。

不过，菜虫每天背着书包，在此来来回回，上学放学，心不在焉或若有所思，以上的历史是一点也不知道的。我没跟他说起过，据我所知他也不甚关心，似乎只要在这里优哉游哉，便觉足矣。

然而，爸爸还是有一些私心的。在尽可能的范围内，我为菜虫选择了这所蕺山脚下的学校，希望多年之后，菜虫理解了一点点文化史，能明白到，他小时候每天路过的这座山，其实还是有说头的。在这座2500多年历史的古城里，在一座文化史上赫赫有名的山脚下，菜虫，你念了你的小学。爸爸只能帮你到这里了。

小学自然不是决定性的，童年才是一个人至关重要的时代。小学，有时候指的是一个空间，这里会有很多同龄人一起玩。但孩子无论进哪所学校，都会有很多同龄人，而童年，则是你唯一的童年，是一生中最为重要的时间段。所以，让孩子度过一个足够无忧无虑的童年，才是问题的核心。我们想给他一个完整的、不急功近利的、有足够时间虚度的童年，这是我选择蕺山小学的原因之一。

入学后，菜虫一度念叨，说这个学校“作业少、环境好”，逢人便要推荐自己的学校。这让我觉得我做对了。确实，蕺山小学环境绝佳，山脚之下，公园环绕，在日渐都市化的三线小城，我们居然还能在城市中找到一所公园里的小学，如果不予选择，真是暴殄天物。

第一次去开家长会，是2012年秋。我停了车，进入公园，秋虫的嘶鸣震耳欲聋。我心窃喜，当即给虫妈打电话，告诉她菜虫的学校自然环境多么好，我们的选择多么正确。

每天，我们用各种交通方式、从各条路径来上学，但总要经过这座蕺山。路程不甚长，春夏秋冬，日子一天天就过去了。有一句育儿鸡汤说，爱是最长情的陪伴，其实，这句话连贩卖鸡汤的人都理解错了。它的意思不是说，你的爱就是你的付出，而是说，爱是收获。陪伴着孩子，我们不仅仅是在付出，更是在获得。

就这样，无论是蝉鸣不已的夏天，还是秋虫唧唧的秋夜，或者冬天积雪满山，又比如春天樱花开了，花瓣落了一身还满，每一个季节我都曾陪着菜虫在这里走过，忽忽六年。

再有半年，菜虫就小学毕业了。我希望，当他多年后回顾，仍会记得这座小山。就像阿多尼斯说的，童年是一个小村庄，但无论走多远，都走不出你的小村庄。我所想的就是，菜虫生活的这个“小村庄”，能给他的未来提供一点点内在的助力。

为人父母，真是一件担子很重的工作呢。我们有那么多的不自信、焦虑和惶恐，总是在担忧自己做得不好，或做得不对。然而，这样的担忧，恐怕还将持续下去吧，哪怕我们的孩子又成了父母。

菜虫是一个足够独特的小孩。我们的希望不是寄予他出人头地或出类拔萃，而是他能以自己舒服的方式，生活在世上，如他任性而自负的父亲一样。甚至根本不需要跟爹妈相似，他只要如其所是就好了。这是我与虫妈最大的盼望。

基于这个毫无出息的念头，我写下了这些零零碎碎的文章。虽然写得断断续续，写作时间延续了六年之久，但其中有某些恒定的东西，是我一贯所追求的。

首先是快乐。我是一个写作者，写作多数时候就像一场搏斗，但是写任何与菜虫有关的文字，都像一次美妙的散步。这个写作过程，让我很享受。比如有一次，菜虫关注了我的微信公号，他读了我写他的文章，还给了我一块钱的赞赏。那一次，我比获得重要的文学奖还开心。

其次是分享，我想跟更多像我一样，因为有了孩子而自我发现的父母分享内心的感悟。我想，所有的爸爸妈妈，都会跟我一样，永远在心中，留下孩子成长中那些温暖的剪影吧。尤其是近年来，我越来越觉得父母觉醒的重要。从菜虫的成长中，我自己也获得了成长。这是我特别想要表达的一个意思。

当然，还有一个最为重要的原因：我想在这些文章中，呈现我的一些教育观、儿童观，以及家庭观。

我是一个教育工作者，有自己较为清醒而坚定的教育观念。我们都知道，作为当下的小学生家长，其实都会有很多焦虑，我与虫妈自不能外。我的许多笔墨，都是在尽力分享作为小学生家长的喜怒哀乐，其中有很多我至今遗憾的环节，也有一些沾沾自喜的小小骄傲。但这就是生活本身，我们都不是成功学大师，谁能对自己的家庭教育没有无能为力的时候呢？而在分享的过程中，我自身的焦虑也得到了有效的纾解。

但更多的是，作为一个奶爸，一个教育者，我的育儿理念的点滴呈现。这些观念，远称不上主流，甚至有很多地方，都是个人私见。而我所希望的是，这些想法和做法，有助于孩子拥有一个不被焦虑的父母和繁重的学业所绑架的童年。用我的话讲，就是温和地保护孩子的不知情权。因为孩子只是孩子，他们拥有自己解释世界的系统，我们成人只有进入这个系统，才可能接近孩子的世界。至于那些无力感，那些后悔，那些焦虑，作为成年人的父母，我们需要在自己身上解决，而不是传递到孩子身上。

时至今日，我们已经越来越明白教育的本质是什么，教育的核心要素是什么；我们理解了人的大脑是如何运作的，也明白了学习这件事究竟是如何发生的，其内部机制何在，外部的助力应如何发挥影响。基于这些对教育的崭新理解、对人体和大脑科学知识的掌握，我们做家长、做老师的，是不是也应该有所改变？

事实上，教育的变革正在发生，未来的图景也正在我们面前渐渐变得清晰。在《未来简史》中，作者甚至已经勾画了未来智神的存在。我们要为尚未到来的新时代准备新人，我们对于孩子最大的爱，就体现在这里。与其给孩子一个被成人意志裹挟的童年，不如给孩子一个尽情舒展的时空。这样，在其展开未来的人生之前，已经有了比较从容的童年准备期。

教育从来不是一蹴而就的，教育所能做的，就是见招拆招。这里所写的每一篇，都是我面临孩子成长的烦恼而采取的对策。我自己是一个教育者，但只有成为父亲，才敢说，对教育有了更贴近本质的理解。在这个意义上，我必须坦然承认，孩子在成长，同时，孩子也带来了我们父母自身的成长。人生，不也是这样不断加深自我了解的旅途吗？！

张岱也好，刘宗周也好，这些历史文化背景，是孩子所需要的教育的组成部分之一。菜虫现在不感兴趣也无妨，但它就在那里。只要孩子愿意召唤，它总会在某个瞬间出来呼应。这样，我们不但有较为开阔的视野，也拥有较为深远的根系。

这本书里的文字，多数发表在报纸杂志的专栏，也有一些发在我的个人公号上。从2012年的第一篇《择校记》始，到现在结集成书来写一个序言，历时六个年头。这六年里，我最开心的不是菜虫学业上有什么长进，而是他个头长高了，他的理性日渐成熟，开始跟我有很多成人一般的对话。他学会了游泳、骑自行车，还开始学吉他。这些尝试都是必要的，因为他面前有很多可能性，都在慢慢展开。我们所要做的，只是等待而已。

最后，我要谢谢菜虫，他的到来，让我作为一个写作者、一个教育者、一个中年男人，我全部的身份背后，有了一个扎扎实实的寄托——这就是父亲两个字所标识的永恒职责。

蔡朝阳

第1章

目送

择校记

菜虫上小学后，逢到年纪稍小的孩子，总要如此这般介绍他的学校：前后有两个公园，依山傍水，绿树覆盖，山上有座塔，可登高遥望。某一天在一个湿地公园玩，跟几个小妹妹喂鱼之余，终将推介词概括为两句：环境好，作业少。言简意赅，且有韵律之妙。众皆大笑，我亦莞尔，而心下则不由颇为感慨。

2012 年开春，我与虫妈面临最焦虑的问题：还有半年，菜虫就要上小学了。

时间退回到 2005 年，在我下决心要一个孩子的时候，我想，再过 7 年，等到我们的孩子读小学，中国的教育或许已有所改观了呢。2008 年，李玉龙、郭初阳审视小学语文教材时，我想，批判的火力这么猛烈，或许，会对死水一潭的基础教育有所触动吧。2010 年，《救救孩子：小学语文教材批判》一书出版后，有记者问我，如你所说，小学教材如此糟糕，那你还会送孩子去公办学校念书吗？当时我的回答是，不送去，你有别的选择吗？略一沉吟，又补充一句：这是宿命。记者觉得真是悲怆。

转眼时间就来到了 2012 年。幸好，此时，尽管仍是焦虑，但我已经想通了一些问题。

我选择了公办小学。其实这个时候并非没有别的选择，比如下定决心，移民成都，想尽办法进华德福。比如可以选择在家学习，就像郑渊洁做的那样，我甚至加入了一个 QQ 群，就叫“在家学习联盟”，但当这个联盟的成员一窝蜂读“国学”时，我退出了。在家学习并非不可行，本地有一些想法接近的朋友，孩子也差不多年龄，其中有行动力者已经创办了一家华德福幼儿园，还有朋友本身就是做教育培训的。也即是说，我可以有另外的选择，但还是选择去公办小学，原因有三。

首先，公办小学是最经济划算的。这个经济划算不是指义务教育学杂费全免之类，而是指你的心力最省，不必再操心过多的教育以外的问题。尽管教育体制弊病丛生，却并非一无是处。

其次，也是最核心的一点，在公办小学，菜虫可以遇到足够多的同龄人，满足他与同龄人交往的需求，并在这个基数足够的人群中，发现与他相似乃至截然不同的孩子。与同龄人交往中菜虫之所获，是家长无法给予的。公办学校让菜虫融入同龄人这个社会（请注意，是社会，不是集体）见识各种孩子，并与他们交往，从而理解这个社会的多样性，建立他的自我定位，与世界的平衡。

其三，小学里的课程、考分之类，不甚重要，重要的是习惯。初始阶段，按照一定规范，形成学习习惯，至关重要。比如，每天阅读的习惯，每天有一段时间安静地待在书桌前专心做某事的习惯。至于语文教材，还真在其次，家长自可补充足够多的优秀读物，来充实孩子的大脑。因为人的大脑就是一个比特之海，完全可以装满各种各样甚至互相冲突的东西，从而将那些蓄意灌输的教条稀释，稀释到无限趋向于无。

最核心的要素仍在于家长。开放的观念与温和坚定的信念，可以使家长更有力量。此外，一定的儿童视角与沟通技巧，跟孩子对话，跟体制周旋，也是积极的选择。一言以蔽之，教育有问题，但别一股脑儿全推给体制，那同样是一种思想上的懒惰，甚至不负责任。家长的责任，就是去就事论事，一一化解，而非简单化地一骂了之。

2013年下半年，作家陈桂棣、春桃出了一本书《南下北上求学记》，细数儿子的求学之路，其中艰辛，家有学童，自能体会。但也暴露了家长的诸多问题：不理解儿童，对教育外行。策略上的一连串失误，导致这对夫妇病急乱投医。体制的僵化与学校的颟顸，已是众所周知。此时，家长不可替代的作用在于，要亲自去肩住闸门，而非让孩子承担压力。监护人之责，即在此处。

我们为菜虫选择了一所并非名校的小学。理由诚如菜虫所言："环境好，作业少。"菜虫并非没有机会进入绍兴第一名校，是我们不想要。因为在当下，越是名校，便越是拔苗助长，作业多、负担重，孩子不幸福。据我观察，很多年轻妈妈，孩子幼儿园时，尚有余力在微信微博大秀亲子共处之温馨，一入小学，则焦虑彷徨，关系紧张。名校之名，无非如此。一个细节是，另一所本地名校，作业量竟然高出菜虫现在就读的小学一倍有余，并且都是机械的习题以及枯燥的背诵。其中之一为全文背诵《弟子规》，我很反对。我与菜虫不读《弟子规》，我们读《彼得·潘》，就像一本叫《新童年杂志》的电子刊物说的那样：不企图训导儿童，不准备安抚家长。

小学一个月

2012 年 10 月,《中国青年报》刊载了一篇文章，说某位家长送孩子念小学，一个月即改变了教育观。这自然又引起了公众热议。近年来，只要是声讨基础教育的，便一定能获得家长社会的共鸣，这是一个不争的事实。可以看到的是，在较有知识的群体里，基础教育的公信力正面临破产。我为什么要说是在较有知识的群体里呢？据我观察，中国的家长，还有很多是不知道教育为何物的。前段时间我说痛感中国父母不会做父母，现在这种痛没有减轻，而是增加，因为我发现很多家长，从根子上缺乏学习的能力，自己不会学习，从而便不懂教育，还以为公办学校的教育体制便是全部。我与菜虫几个同学的家长对话，只聊几句，便不再讲下去了，以免让他们觉得奇怪。这是我多年来形成的世故——我只跟那些能理解的人谈我理解的教育。

目前的基础教育体制，很多地方都在有意无意地摧残孩子，并且打着种种旗号，所以无论怎样批判都不为过。但其信誉破产归破产，只是百足之虫死而不僵，它本身巨大的惯性，还在不断延续，我也看不到何时是一个尽头。所以多数有识之士，给这位家长出的主意是移民。

问题是暂时移不了民怎么办？我面临的便是这个问题，全家移民几乎不可能。那么，我与菜虫又该怎么办呢？菜虫也开学一个月了，但是他似乎越来越爱这所学校了。今天下午三点半，他放学后，我带他去爬山。我们爬上小山上那座塔，他回头俯瞰自己的校园，将其中的建筑物一一指给我看，颇有些逸兴遄飞的感觉。我不免有些放下心来。因为，传说中恐怖的小学生活，并没有让他憎恨。

当然也不是一帆风顺。我发过一条微博，说，开学一个月，菜虫、虫妈、虫爸，各生病一次。现在第二个月就要过去了，菜虫在生第二次病，而虫妈在生第三次病。可见压力还是有的。主要是作息时间全部变了。菜虫以前晚上十点多睡觉，早上八点起床，下午睡二到三个小时，睡眠充足，精神气色都好；上小学后，早上七点起床，下午没有午觉睡，晚上八点半睡，躺到床上不久，便睡着了。有几次我去接他，路上略有堵车，他在车上便睡着了，可见小学生涯也蛮累的。这些都需要我们去逐渐克服和习惯。总之这两个月，我们取消了一切社交活动，并跟亲戚朋友们都说好，晚上八点半之后，请不要再打电话来。至于我自己，所有的阅读写作，都是在菜虫睡着后再起床。

开学第一天，新书领回，学校短信发来，要包书皮。这个晚上，妈妈包书皮包到十点半。当然，虫妈不是一个心灵手巧的人，她包累了，自然有抱怨。我在边上刷微博，跟她说，小学生家长伤不起。

脏话小学

初读一年级一个月，某晚睡前，故事读完，菜虫睁着圆溜溜的大眼睛，将脑袋靠在妈妈的脑袋上，说：妈妈，这就是“脑系搭牢”。我与虫妈相视愕然，继而大笑。所谓“脑系搭牢”，在绍兴方言中，指脑子进水了之类的意思，为常用骂人话。菜虫误以为，“搭牢”就是脑袋靠在一起，也算是创造性的阐释吧。

就这样，菜虫上学一个月，学到了此前七年都没有学到的知识——地道的绍兴方言。当然，都是骂人的话。

非但如此，此后半年内，菜虫学到的脏话，呈井喷之势，从无到有，从简单到复杂，从基础到高端……他在融入班集体的同时，也融入了小朋友们的脏话文化圈。并且，菜虫为此感到新奇不已——这是他七年来首次发现的语言新世界。他一边说一边笑，越见我愠怒就越说，越说越多就越激动。于是，有一天，在菜虫说完“侬放屁啊”“侬有毛病个”“我巴掌拨侬吃个”等等脏话后，我无奈地跟菜虫说：你现在开口闭口脏话，这些话爸爸妈妈从来不说，都是你从学校里学来的，难道你上的是脏话小学？

菜虫闻言大乐。他显然没有意识到我这一质问中的批评意味，进而反驳道：如果我读的是脏话小学，那我们的课本怎么不是脏话课本啊？

我说，你读的是脏话小学，你们老师早上见面问候不说早上好，而是说：菜虫，你脑系搭牢哉？

菜虫笑得直不起腰。

这个时候，一定会想到孟母三迁的故事吧。所谓“蓬生麻中，不扶而直，白沙在涅，与之俱黑”。为了一个成长的好环境，换到一个没有脏话的小学该有多好！而事实上，这个小学是我与虫妈亲自挑选的，我们并不打算为此哪怕一迁。当然，我承认有一点小失误，在择校时只考虑作业少环境好，却没有考虑到，也许，选一个知识精英家长群体为主的小学，可能“出口成脏”的现象会少一点吧。但其实，我能容忍菜虫的这些脏话，尽管有些愠怒，却并不觉得无可饶恕。因为菜虫有样学样，无非觉得新鲜好玩，他每次说出这些词汇时，多是玩笑，而非刻意侮辱。我与虫妈自认向来言语温文，尤其虫妈，她对菜虫表达最严重的反对情绪的词，无非“批评”而已。这样一个语言环境中生活了七年的孩子，突然听到如此过瘾的脏话，新奇之余，鹦鹉学舌也就可想而知了。

问题的核心在于，我们没有必要，更不可能给孩子创造一个完全无菌的环境。脏话不是好东西，但我们无法屏蔽之，也没必要屏蔽之。这是这个孩子必然面对的世界的一部分。父母不能给孩子制造一个只有真善美的水晶世界，更不能用虚幻的纯美来填充他的生命。你爱他，就让他生活在真实中。所谓真实，就是不逃避世界的任一层面：爱与善良，污秽与丑恶，以及两极之间漫长如光谱般的日常乃至庸常。一个虚幻的美好世界，如何帮助他在真实的社会中建立自我的平衡呢？

既然无法屏蔽这些脏话，那就坦然接受吧。因为脏话其实是一种文化现象，放诸四海，各有地域特色鲜明的表达。一个叫露丝·韦津利的澳大利亚人，甚至写了一本《脏话文化史》，就其不那么负面的意义来看，脏话作为一种情绪表达，包含着话语的力量。当菜虫第一次笑着对我说出“巴掌拨侬吃个”这句话时，面对我惊诧而又恼怒的面容，菜虫是不是获得了一点点挑战父权的兴奋呢？

当然，虽说脏话并不代表道德低下，但我也不愿菜虫满口脏话，即便这就是真实世界的一部分。怎么办呢？我的处理是：一、自己不说脏话；二、当他说脏话时，不予理会，不表现出震怒与惊讶的情绪。一言以蔽之，就是不以为意，装作无甚可观，无视就是最好的态度，远胜口诛笔伐或者苦口婆心。就这样，到了二年级，菜虫不太念叨那些学来的新奇脏话了。

美好小学

美好小学不是夏山学校，也不是巴学园，美好小学其实还没开学，但也一直处在开学的状态中。美好小学上下课的铃声是鸟叫，因为美好小学坐落在一个山脚下，被南北两座公园包围，早晨，是被小鸟唤来的，傍晚，也是被小鸟唤来的。春秋两季的晨晚，爸爸妈妈来到山边接送孩子，就被植物的香气俘获。为了这点香气，两位家长经常起争执，抢夺接送孩子的权利。有时候争夺未定，大家赌气一起送孩子上学，小朋友们只好说两遍再见，一边咕哝着你们烦不烦啊。

爸爸第一次做小学生家长，于是就有许多第一次，心情激动，常常在各种机会里显摆。比如第一次参加家长会，是夏末秋初的夜晚，公园的草丛里树枝上各种虫声震耳欲聋，爸爸必须穿过这一大片虫声，但他只能分辨出蝉与蟋蟀，因为实在太复杂了，需要很多专业知识，可是家里的《昆虫图鉴》只有图没有声音，只好作罢。有时候爸爸也会掏出手机来打给家里的妈妈，叫她也来听一听震耳欲聋的虫鸣。

小朋友们去上学时，家长只能送到公园口。这是规矩。如果有家长想陪孩子穿过公园，就会被拦住，罚他一个礼拜不能吃冰激凌，而小朋友就可以每天吃冰激凌，换着花样吃，蛋筒、双球纸杯装、巧克力口味以及提拉米苏什么的。

穿过公园，按照直线距离到达校门的时间大概是10分钟，不过呢，小朋友们穿过公园，就很艰难，因为公园里奇迹太多了。有一次，青石板路边上落满了粉红的桃花，女孩子必须把没有被黄泥巴弄脏的花瓣捡起来，夹在语文书里。花瓣太多，捡也捡不完，捡着捡着，就黄昏了，于是第二天，只能再捡。这也是没有办法的事情。

有一次，一只麻雀在啄还没成熟的毛桃，男孩走到跟前它也不飞，因为男孩跟小鸟是朋友。男孩看着它，作势要抓它时，它就淘气地飞走了。白头翁飞来飞去，满山都是。男孩也喜欢追它们，但只是吓唬，并不伤害。白头翁是不是年纪都很大很大了呢，男孩问。

男孩读了《蚯蚓日记》后，走过泥路都很小心，如果有圆圆的铺路石，就把脚丫子踩在圆石头上，因为蚯蚓住在泥地里，被踩着会压得很痛。秋游的时候大家发现一条很粗的蚯蚓，在青石板路面上蜿蜒，可是那条蚯蚓并没戴棒球帽，也许是迷路了。男孩用树枝帮它回到了泥地，后来问了爸爸好几次，蚯蚓能找回自己的家吗？

有的时候，公园里会有宝石被发现，亮晶晶的，可以养水仙花。有一次捡到一颗灰扑扑、棱角分明的，男孩认为是陨石，因为爸爸的书架上有一块化石，也是棱角分明的。陨石必须藏在教室的书架上，外星人肯定会来找，不过外星人总是在夜深时悄悄地来，大家一直都没有看到，这件事很让人惦记。

用来夹桃花的语文书其实很简单，上册是《小王子》，在老师开始教之前，孩子们都已经读好啦。语文课上，大家挑选各自喜欢的角色来表演。很多女孩喜欢表演那支任性的玫瑰，但也有一个女孩喜欢算账，这个女孩，她说以后如果做妈妈，她的孩子小名应该叫虫虫。男孩多数喜欢酒鬼，据说爸爸们喝酒时样子也差不多，多数爸爸 30 岁之后就把自己泡在酒坛子里啦。那个国王连一个臣民都没有，很不带劲儿，大家都不喜欢。有个胖同学想表演那条令人悲伤的蛇，可是他太胖啦，又不会仰卧起坐，大家说，你先去锻炼仰卧起坐吧。

体育课是时间最长的课，每天都有两个小时。扎马尾辫的体育老师整天笑嘻嘻的，她不吹哨子。集体广播操是被禁止的，集体眼保健操也被禁止，凡是排成整齐的队伍都被看作愚蠢的行为。大家自己分组，跳房子的，滚铁圈的，荡秋千的，都被表扬，奖励一颗大星。体育课冒汗最多的，大星也最多。

绘画课也很重要，都要把自己的脸画成黄黄绿绿的，小朋友解释说，是因为绘画纸不够用了。

音乐课跟体育课、美术课一样，是每天都有的三门主课之一。童声合唱队在舞台上排练，唱“长亭外，古道边”。拉二胡的几个高年级同学其实都是剑客，他们一年级开始练习二胡，其实也就是开始练习鱼肠剑啦。现在他们身姿矫健，时刻准备抽出鱼肠剑来砍树枝。因为古代的时候侠客还可以行侠仗义，现代社会法治了，剑客们生不逢时，只好去修剪树枝。所以，后来美好小学的园艺工人失业了。

口哨队是另一个重要的团队，学习吹口哨，噘着嘴唇，吹出悠扬的音乐。儿童节的时候，口哨队要去表演吹奏二重哨。

说脏话时间到啦，小朋友们聚在一起，比赛谁说得快说得多：脑系搭牢在啊，啱毛病有有个啊，我头庞拨诺个吃吃……说得最多并且说的时候始终不笑的那个小朋友获胜，也奖励一颗大星。

数学课大家数数玩，可以用手指头，手指头不够还可以加上脚趾头，再不够，就两个人拼起来数。大家最喜欢数学课，可是数学课很少，一周只有两节，所以第一个学期结束了，100 这个数还没教到。

最先得到 10 颗大星的孩子获得优胜，就奖励用色素、添加剂等劣质原料做成的大号棒棒糖一颗，总之，就是爸爸妈妈现在认为是垃圾食品，而他们小时候最喜欢吃的东西啦。

最后，布谷鸟快要叫的时候，校长出来了。这位校长长得比麦兜的校长苗条，平时呢也不卖板栗，只卖一些萌，比如万圣节的时候他把自己打扮成南瓜。不过因为苗条的缺点，他只能扮演一条瘦瘦的南瓜。跟人握手的时候，他嘴里总是不停地说着恭喜恭喜——有什么好恭喜呢？这个时候，布谷鸟叫起来：布谷布谷，布谷布谷。就像在说：不如归去，不如归去。于是就放学啦，安静的美好小学突然爆发出一阵喧响，无数男孩女孩飞奔而去，就像一群鸭子穿过马路。崭新的一天就又开始啦。

目送

菜虫的学校前后各有一个公园，东面还有一座本地文化史上颇为著名的小山。无论从北或从西去上学，都要经过公园。而若从东进入学校，则需翻过小山。第一天上学是妈妈送的，从北面穿过公园，一路迤逦来到学校。送完，虫妈在电话里跟我絮叨了很久，菜虫怎么穿过公园的，背书包的姿势如何，如何进的校门，妈妈怎么送到楼梯口，诸如此类，各种细节，各种担忧。

但相比菜虫第一次上幼儿园，我们的焦虑已经减轻了很多。开学前的假期里，我们带菜虫去参观了校园，指出这个校园面积大，操场宽广，风景秀丽，而且，堂姐就在这里上学——这些都是心理暗示。不过，与其说是给菜虫的心理暗示，不如说是给我们自己的。因为，众所周知的严苛的应试教育，自小学便已开始，而我们六年来放任自流的菜虫，又将如何面对这一个漫长而令人担忧的小学六年呢？

然而虫妈最遗憾的是，她送菜虫进校园，到楼梯口时跟他说再见，菜虫竟然没有再回过头来看她一眼，而是噔噔噔直接上楼进教室了。

终于我有空送菜虫上学了。我开车、停车、下车，经过公园，菜虫背着书包默默相随，父子无话。我沉浸于公园清新的空气里，心里暗自得意：至少，在一个有雾霾的城市里，有这样一处小学，尚且对得起菜虫的肺，至于对不对得起大脑，则是后话。到校门口了，我在茂密的樱花树前停下，跟菜虫说，爸爸就送到这里，再见啦。菜虫哦了一声，低着头，背着书包，慢慢进校。是的，正如虫妈所言，菜虫一次都没回头。他恐怕不知道，他的爸爸和妈妈，一直会目送他走进校园，穿过石板天井，然后消失在走廊的尽头。

第一次去上学，尚是夏末秋初，樱花树枝繁叶茂；接着到了深秋冬季，落叶殆尽，枯枝向天耸立；那一次下雪，菜虫还贪玩树枝上的积雪，久久不肯进校门；再后来，又是一个春天，樱花树花朵开得烂漫，微风吹过，落红满地。每个季节这样的早晨，我与虫妈看着菜虫头也不回地进入校园，心里暗暗期待。菜虫从来没有回头过，只留下他的爸爸妈妈，在树下发呆，心里百感交集。

读小学，对菜虫来说，当然是一个难关；对身为父母的我们而言，同样是一个难关。我之前不想生孩子的一个理由，便是教育的糟糕。现在，我亲手将孩子送进了公办学校，看着他日复一日背着沉重的书包，偶尔也会怀疑。但我也有一个坚定的想法：菜虫的人生，是他自己的人生。他在这个人生中遭遇的，都是他自己的遭遇。菜虫会有自己的感受、应对以及创造，这些是身为父母者无法替代的。或许，这也正是人个体生命的意义与价

到校门口了，我在茂密的樱花树前停下，跟菜虫说，爸爸就送到这里，再见啦。菜虫哦了一声，低着头，背着书包，慢慢进校。是的，正如虫妈所言，菜虫一次都没回头。他恐怕不知道，他的爸爸和妈妈，一直会目送他走进校园，穿过石板天井，然后消失在走廊的尽头。

值所在。小学，是菜虫的一段崭新旅程，他会有不适，会感受到挑战，但这些都只能由菜虫自己去面对。你可以担忧，但无法包办；你的百感交集，只能寄托在无数次的目送里。

当然，与目送相对的，是迎接。这是身为父母最大的欣喜之一。从菜虫上幼儿园开始，我便喜欢去接他放学，看他像一只小鸟一样飞出教室，拉住我的手。如今，小学放学，菜虫将沉重的书包交给我，便一蹦一跃地跑去公园，和过去一样，像是在飞翔。与上学路上的默默相随不同，放学后他有一路的话讲，班级新闻，孩子们的各种调皮捣蛋，不一而足。

目送，不是单向的父母的付出。在任何时代，做父母都不仅仅是一种付出；在爱的给予中，父母所得到的幸福，语言又如何能够描述呢？是以，我站在樱花树下，思绪万千。每一次的目送，都是菜虫又一段崭新旅程的开始。尽管菜虫从不回头看，但我也知道，每天傍晚放学时分，他会准时出现在这里，面带微笑，用急切的眼光寻找我或者妈妈，然后重又开始一段亲子时光。在这种爱的伴随中，我知道菜虫在成长。

我在樱花树下思绪万千时，常常想起他刚刚学会走路的那一天。同样，我在他的身后，看他摇摇摆摆迈开自己的双腿，义无反顾向前走去。我知道，那道路，是他自己的，他必将独自前行。

菜虫被欺负了吗？

某天中午，电话响起来，是菜虫的班主任。老师急切的声音里满是担忧，菜虫被一个同学打破了头，流了很多血，正在医院急诊室里包扎。我匆匆赶到时，伤处基本已包扎完毕，头套刚刚戴上。虽仅缝了一针，但菜虫浑身是血，脸色发白，像个战争片里的负伤小兵，样子很悲壮。菜虫眼神不安，显然受了不小的惊吓，看到我来了，才定下心神。我看伤者情绪稳定，便听班主任解释事情的原委。具体经过是这样的：菜虫与肇事男孩一起闹着玩，菜虫拿布质铅笔袋假装砸中了对方脑袋，刚好午饭时间，那个小男孩手里有把铁制大饭勺，也往菜虫头上一砸，可惜不知轻重，于是菜虫光荣负伤，脑袋上从此多一小疤。

过了一会儿，虫妈也到了，心疼得不行。又过了一会儿，肇事孩子的父母也来了，忙着道歉并支付医药费。肇事孩子的爸爸还特意去买肯德基，以示道歉的诚意。

消息传开，亲戚好友都义愤填膺，跟我说，宁可我们打破他们的头，我们去赔医药费啊。舅舅外婆强烈建议，去学跆拳道，我们不去欺负人家，但一定要会自卫。舅舅爱甥心切，见到菜虫后，讲了很多他小时候跟人家打架，把人打得满地找牙的故事。言传身教，以期亡羊补牢。我猜，舅舅说不定还在怪我，把菜虫带得太文弱了呢。

然而冷静下来，尤其是知道了事情的具体经过后，我的理解就有点儿不一样了。我倾向于认为，这是小孩之间的打打闹闹，一方小男孩不知轻重，失手而已，跟品质无关，跟欺负也无关。

菜虫虽然从小不具备攻击性，但他也确实很皮，调皮捣蛋方面略有天赋，常有创造性的恶作剧。但他从没有主动伤及别人过，也从没见他因为个头高而恃强凌弱。有一次带他去一个游乐场，我临时离开去买饮料，嘱咐菜虫说，你在这里玩一会儿，不要欺负那些小弟弟小妹妹。结果菜虫很不满，回敬我：我什么时候欺负过他们啊！

我问过菜虫，是不是有人经常欺负你啊？菜虫说，没有啊，我们只是在闹着玩。家长总是大惊小怪，略有磕磕碰碰，便一惊一乍：你又被谁谁谁欺负啦！这是把成人思维投射在孩子们的身上。我的理解是，这不是欺负，而是玩耍。游戏是孩子的天性，在游戏中，孩子们构建起了对世界的认知。所以，即便他们有矛盾，家长也尽可让他们自己去解决，孩子有他们自身的游戏逻辑。当然，成年人有监护之责，应尽力控制孩子们在玩耍中不造成人身伤害。

当然，我知道有的小男孩有暴力倾向，那么无非就是叫自己的孩子离他远一点。第一次去幼儿园，菜虫与一个男孩争抢一个玩具，抢不过，但菜虫不久便发现了另一个玩具。这个细节让我觉得很有意思：孩子能建立起自我平衡，不劳家长越俎代庖。幼儿园放学后，菜虫喜欢去荡秋千，但排队的人很多，菜虫总是不善于争抢，明明要排到了，另外的孩子一挤，菜虫就让开了。起初这件事让我很郁闷，又不好意思出面，只好教育菜虫：轮到你了，你就去，不要老是被别人欺负。菜虫却回答，待会儿也可以玩呀。事实确实如此。因为虫妈与奶奶时间充裕，并不忙于将菜虫接走，所以菜虫每次都能在小朋友们差不多走完后，一个人优哉游哉荡秋千，直至天色擦黑。我想，这也是他面对世界的一种方式。

这次被打破头也一样，我与虫妈自然义愤填膺，教育菜虫远离那个男孩，菜虫却不往心里去，之后仍然一直跟他玩。这下，倒显得我与虫妈过于小心眼了。于是我就很感慨，就这一点而言，爸爸妈妈真的要感谢菜虫：他总是用自己的天真无邪，一次又一次教育我们，使我们确信，只要充满善意地看待这个世界，这个世界也会对我们闪耀善意的光芒。

“白卷英雄”菜虫虫

菜虫上学约一个月，忽一日，我接到老师电话，老师的声音有些担忧：菜虫爸爸，今天考试，虫虫一题也没做呢，把空白卷交了上来。老师很奇怪，因为她在考试时还跟菜虫说，你应该把这个试卷做完。可是菜虫还是交了白卷。

挂了电话，我很好奇。抱歉，我真的没有羞愧，只是猜测，菜虫是怎么想的呢，这个稀奇古怪的小孩，这次又是怎么回事呢？下午，我带着疑问，兴冲冲地去接菜虫，展开一段父子对话：

菜虫，你们今天考试了？

嗯。

那考了几分啊？

我没有分数呀。

没有分数？我故作惊愕地问。

爸爸，什么叫考试啊？

我愕然，又恍然大悟。原来，菜虫不知道什么叫考试，这是他人生中第一次遇到这个叫作“考试”的怪物。对于我们这些从应试教育中翻滚出来的身经百战的家长而言，考试是一件不言自明的事情，但对于菜虫，却是他人生第一遭。我仔细回忆，搜索脑子里每一个褶皱，确实，在此之前，我与虫妈从未说起过任何一个词，与考试相关。就是说，菜虫交白卷，不是他不做，也不一定不会做，更非藐视老师，而是他确实不知道什么叫考试。但我又很奇怪，考试的40分钟里，菜虫在做什么。

玩啊，菜虫说，切橡皮。

啊哦，我说。我知道的，在开学的最初一个月里，菜虫和他同桌最热衷的游戏，是用直尺做刀子，把橡皮切成一块一块的。这有好处，后来吃牛排，他就能自己一块块切开来吃了。

考试，就是在规定的时间内，把试卷上的题目做好，然后交给老师批改。我给考试下了一个定义。懂了吗，菜虫？我着重再问一句。

知道了。菜虫说。

我跟老师回了一个短信，说，我已经了解过了。

过了没几天，菜虫回来跟我说，爸爸，考过数学了，我考了33分。

我大汗，就问：菜虫，你现在知不知道什么叫考试啊？

知道啊。

那你为什么不做这些题目啊？我指着试卷问他。

我不认识这些字，菜虫指着题目说。

嗯，对的，在上小学之前，我并没有给菜虫认字。小学一个月，还看不懂题目，当然再正常不过。我又跟数学老师解释了这个问题。至此，大概所有老师都知道我对菜虫的要求了，这个要求就是没要求，自后便不再对我有啥要求了。于是菜虫的小学生涯，又如幼儿园一般，优哉游哉。

现在菜虫二年级，若以考试分数而言，他不是最高的，但也不是最低的。这说明一件事：交白卷无伤大雅，孩子终能应对那些加诸他身上的任何挑战。我与虫妈的态度是，不做过多的评价。若分数高，会简单地表扬一下，若低，则顾左右而言他。总之，家庭生活，与分数无关。父母自不能让孩子屏蔽考试，但我们可以用自己的姿态，告诉孩子分数不重要，重要的是，你今天在学校开心吗，交到了好朋友没。诸如此类。至于不得不面对的分数，那不代表任何问题，仅仅是菜虫需要自行解决的一个麻烦。

我见到太多焦虑的、不想输在起跑线上的家长。我有时候想，这个白卷以及33分的分数，放在他们孩子身上，又会如何。家长的焦虑其实来自两个方面：就浅层次而言，无非是家长的虚荣心，似乎孩子考试分数高，便有面子；就深层的原因而言，这是对教育，尤其是儿童成长规律的外行。人生很漫长，因而童年的准备阶段尤为重要，这个重要性不是分数名列前茅，也不是主流的“品学兼优”。在意志品质之外，始终保有那种与生俱来的、对万事万物的天然好奇，这一点，尤为重要。身为教师多年，我见过太多被九年制义务教育摧残的孩子，其中最令我感觉力不从心、无从帮起的，就是那些丧失了求知欲的孩子。教育的失败，以彻底摧毁孩子们的天真好奇心为甚。唯一的分数指标，一元的评价体制，为恶甚巨，家长老师，能不慎乎？

戴蒙老师的课堂纪律

戴蒙是菜虫在象形字假日学校的英语外教，他接受过完整的 Hip Hip Hooray 英语教材的培训，就教菜虫和他的同学们学这套教材，如今已经快半年了。戴蒙是美国人，头略秃，粗通中文，用中文说“你好”的时候，语速若太快就像“喵”。菜虫最喜欢听他说中文了，有一段时间老在家里学戴蒙的口音，听上去一口山东腔。我们就学菜虫的腔调说，你这位外国小朋友，是山东来的吗？戴蒙老师手臂上的汗毛很粗，他讲课时，菜虫觉得好好玩，就走过去，伸出手跟戴蒙老师比，一边大笑，戴蒙老师也不以为忤。第一次上课，孩子们的教材还没收到，戴蒙拿了一把吉他，给孩子们唱英文歌，孩子们很激动，后来每人获准弹奏吉他一次。这个时候，我就知道，美国老师，是很没有师道尊严的。

开班之初，班里 8 个孩子，全是男孩，戴蒙带他们做游戏。哎呀，游戏一开始就收不回来了，外语课变成了武打课。抢凳子的游戏，一次结束了，同学们强烈要求再来一次，于是再来一次。课堂上有的同学在教室里飞檐走壁，有两个在猜剪刀包子锤子，菜虫最喜欢钻到桌子底下学猫叫，喵。戴蒙跟中方助教觉得压力很大，这帮小皮猴子，一个一个容易对付，可当他们聚集成一个小群体时，就闹得沸反盈天啦。

每次英语课结束我去接菜虫，看到小朋友一个一个络绎出来，都有一个共同特点，就是两颊绯红，耳鬓的头发尖尖还在冒汗。不知道实情的，还以为戴蒙老师教的是跆拳道。

家长其实都没啥意见，因为多是观念相近的家长，大家都认同这种毫无约束的课堂。不过呢，戴蒙老师也会有一定的压力，因为约束不了孩子的话，学再好的教材，也不会有进步。那么，怎么办呢？

我也曾给一帮小皮猴子讲过有趣味的汉语经典，有一次小皮猴子们实在太皮了，我情绪失控，当场发飙，疾言厉色责备他们。结果，几个一向安静的孩子惊惧地看着我，搞得我很内疚。这件事让我意识到，威权主义还长在我的心里。

那么，戴蒙会怎么做呢？我与涛爸也讨论了这件事，准备观察戴蒙的做法。

大概是第三次还是第四次英语课的时候，戴蒙给这些孩子开了一个会，主题是“英语课堂应该怎么样”。戴蒙是主持人，助教负责将意思准确地传达给孩子们。

议程第一步，孩子们先提意见，老师应该如何如何。

议程第二步，孩子们再提同学们应该如何如何。

这两个步骤中，每个孩子都有机会发言。但我们知道，有些中国孩子，即使有机会说话，也情愿不说。我注意到一个细节，就是戴蒙不仅让每个孩子都有发言的机会，他还和每个孩子沟通，鼓励他们说出来。这颇有一点《罗伯特议事规则》的流风，让我深受感动。

第三步，就是在说的过程中，将每一条意见都记录下来，写在纸上，白纸黑字，最后汇总到一起。

最后一步，老师和每个孩子在这个记录上签名——我以为，这就具有了法律效力。

孩子们的意见五花八门，但其中有一条，就是对老师的要求甚严，比如不许骂人，不许布置太多作业之类。这个很好啊，因为老师是课堂的唯一权威啊，必须要限权。孩子们对自己也有一些要求，比如上课不许随意走动，未经老师允许不许随意抢话之类。菜虫也发表了意见，他说，不许杀人。听到这句话，小伙伴们都惊呆了。于是半个晚上都在念叨不许杀人。但我知道菜虫这是语不惊人死不休而已。

这次会议后，我明显感到课堂纪律好了很多，毕竟是自己参与制定并签字的规则，孩子们自己也觉得有尊重的必要。虽然仍会嬉笑打闹，仍会做很多游戏，但安静的时候，戴蒙的有效教学也就得以展开了。

我想，这就是为什么要找一个外教的原因吧。一个美国人，他的思维方式与生活方式，都与我们不同，懂得尊重孩子的权利，这是我亲眼见到的一个事例。若换一个中国老师，面对这些小皮猴子，我估计武力弹压的可能就很大。文化基因在我们的身体里。

戴蒙后来结婚了，新娘是中国人。婚后一周，戴蒙就来上课了，并带来自己的爸爸妈妈来看他上课。刚好那次讲到 Grandma 和 Grandpa 两个词，戴蒙的妈妈就是现成的 Grandma，与戴蒙一起表演了一个情景剧。小朋友们都很兴奋。唯一美中不足的是，当菜虫知道戴蒙结婚后，很生气地说，他居然不给我们分喜糖！我跟虫妈解释，美国人没有分喜糖的风俗。菜虫大声道：不行，我要向美国总统投诉！

我的愿望是没有作业

直到放寒假，期末素质报告单拿到手，在看老师的评语时，我才知道菜虫还上演了一出“实话实说”的活剧。

在素质报告单的教师评语里，班主任苦口婆心地跟菜虫解释了回家作业的作用。即，回家作业是检测你一天学习成果的一种手段——作为老师，我完全认同这种看法。我自己的课代表，每天来问我要回家作业，我有时候会说，按照我推荐的书目自由阅读 20 分钟。课代表如实传达，同学们就很高兴：今天没有作业。

我的学生其实也是从小学就被教成这样了，只有必须动笔写的，做成练习状的，或者像试卷那样一张张的，才叫作业。此外读课文三遍、看课外书 20 分钟，背诵古诗三首，都不是作业。

然而，才三年级的菜虫的愿望，竟然也是，没有作业。

出于好奇，我就去问菜虫：菜虫，你们老师是不是要你们回答，新年愿望是什么啊。

不是的，不是新年愿望，就是愿望。

那你说什么愿望了啊。

我的愿望就是没有作业。

哦，我懂了。然后我无语。

菜虫有这个回答，在我看来一点不意外。菜虫这个人，口无遮拦，有一说一，算是他的可爱品质之一吧。因为他没有父母殷切期待的压力，自小不必在爸爸妈妈面前撒谎。又因为父母长辈的纵容，他亦不懂得迎合。还有，父母长辈从来不吓唬他，于是便也不知道畏惧。除此以外，他还很固执。一年级时，有个作业，里面是两幅画，画的小明和小红两个小朋友，看见盲人过马路摔倒在地，小明看了哈哈笑，小红连忙上去扶，问孩子们你喜欢哪个孩子。我家菜虫非选小明不可，我说这个你得选小红啊，菜虫说，题目问的是你喜欢哪一个啊，我就喜欢小明。无奈，随他选了小明。

这次全班唯有他说，愿望是没有作业。按照菜虫的逻辑，完全正常。但在老师看来，略略有些小担心，也很合乎常理。一般来说，只有厌学的家伙，才不愿意做作业啊。品学兼优的小学霸们，一个个都是“举头望明月，低头写作业”。不过菜虫显然不是学霸。

平心而论，以及横向地与周边小学比，菜虫的作业真算少的。所以我们概括菜虫的小学是“环境好，作业少”，这也是我们选择去这个学校的主要原因之一。现在回家作业都是通过“校讯通”以手机短信方式发布的，我们一般会收到三个短信，分别是数学、语文、外语，菜虫大约在40分钟之内能做完。我跟在别的名校上学的菜虫同龄人父母比过手机短信，在短信的数量上，我们要少得多。

尤其是，菜虫会发明很多快速做完作业的方式。比如，词语积累，要抄写在“采蜜本”上，像蜜蜂采蜜那样积累好词好句，菜虫就抄写那些笔画最少的词，如“九九归一”这样的成语。写作文，哈，反正老师没规定字数，写三行就罢手。错别字，比如警察抓“孔布奋子”，我说你写错了，他说，反正读音一样的。

还有一个绝活，做复杂的数字加减乘除题，他不加计算，随便写个他喜欢的数字。我开始没发现，还以为菜虫做数学快了好多，还狠狠表扬了一番：菜虫，最近数学进步很大呀，爸爸得奖励你一个冰激凌！菜虫笑而不语。后来，妈妈一检查，怎么没有一道数学题是做对的呀。啊！菜虫于是露馅了，遭到了妈妈强烈的弹压。

其实，菜虫是很喜欢动手做事情的。自从科学课上讲了造纸术的发明后，他每天晚上在家里造纸，动用各种工具，忙活一个小时，把好好的餐巾纸做成一大堆一大堆没用的湿纸巾。幸好有做纸巾销售总监的阿姨还会送。

他还喜欢做魔药。自从读完罗尔德·达尔的《小乔治的魔药》后，他配制了各种各样的魔药，用巧克力、白酒、咖啡、牙膏、皮鞋油——因为家里没有皮鞋油，妈妈迫于压力，只好特意去买了一罐——配制成各种颜色、各种功效的魔药，装在大大小小的瓶瓶罐罐里，罗列在盥洗室，不许扔掉，还狞笑着说，哼哼，妈妈，我来给你喝点魔药。吓得妈妈魂飞魄散。

于是，我只能认为，不是菜虫错了，而是回家作业错了。要是能布置一些活泼的、孩子们感兴趣的、需要孩子们参与或亲自动手的回家作业，该有多好。但是，包括我这个资深语文教师在内，我们何尝布置过这样的回家作业呢？我们的学校教育所指唯有考试，于是所有的回家作业，都是考试之前的习题操练，这不是应有之义吗！

那么，我跟菜虫怎么办？没辙，做呗。但有几个前提：第一，不额外增加这一类回家作业；第二，先玩，把玩好的重要性放在做作业之上；第三，制定一个能及时完成的作业计划，相对宽松，但有规划，这个规划主要由菜虫自己制定，有利于菜虫学习如何自主安排时间。

做作业这件事

菜虫做作业，老师规定课文要读五遍，我一看课文言之无文，索然寡味，就说，菜虫，你读个一遍就好了。我心下的意思是，有时间不如爸爸读《纳尼亚传奇》给你听。菜虫严词拒绝：必须读五遍，这是作业。是以，在解决了如何让菜虫做作业的难处后，我又得解决另一个难处，如何让他少做作业。

读小学前，菜虫并不知道做作业这件事。幼儿园偶尔有些手工的要求，反正马马虎虎就过去了。做过一次水果动物，结果我跟菜虫的作品基本上是全班最简陋的。还养过春天的植物，养死了。

小学头一天的作业是包书封面。傍晚放学，虫妈找了好几家文具店，找到需要的包书纸，晚上就跟菜虫一起包书。当然菜虫主要负责捣乱，妈妈开始还有点小激动，总有儿子逐渐长大的欣喜，后来要包的书太多，不免也愤愤然起来。当然，这只是个开始。

既然我与虫妈为菜虫选择了公办小学，里面自然也有对回家作业的考量。因为耳闻目睹多了，看到疲于奔命的孩子，就觉得童年全被糟蹋了。亲戚家的小孩当时念四年级，与菜虫一个学校，有几次一起吃饭，饭桌上还在写作业。还有一次自驾游去庐山，路上带着小学生必背的古诗书，车上得空，她妈妈就拿出来让她背。我觉得这不是学习，而是苦役。没有孩子会这样喜欢上古诗的。

现在，菜虫也要做作业了。可是他不会握笔，不会画字，横线像波浪，竖线在痉挛，而口字框写得顶天立地，欲撑开田格而去。他觉得写字很难，很累。这一段时间，我也过得很难。

老师的作业发到短信里，一二三数条，得一一完成。当然后来跟别的学校比，我还是松了一口气，因为另外的小学，可能作业有菜虫两到三倍那么多。饶是如此，我与菜虫与作业还是进行了卓绝的斗争。

刚开始学拼音，学初步的认字，菜虫还是蛮有兴趣的。照猫画虎，aoe 写在拼音本里，初浅汉字写在田字格本里，虽然写得歪歪扭扭，但有成就感。我说，瞧，小学生就是不一样，会写拼音，会写汉字了呢！菜虫颇有些得意扬扬。

不过机械的抄写练习多了，菜虫便烦躁。再还有数学，我们之前从来没教过，每次算出来 2 加 3 等于 5，而 3 加 2 就不知道了。6 以上的加减法更难啦，因为一只手不够用啊。因为我也觉得数学最难，解释不通急火攻心想要发作时，就自觉退下，换妈妈来。妈妈八年来从没在菜虫面前发过脾气，她对菜虫最严重的一句威胁是这样的：菜虫，再这样，妈妈要批评了哦。让她来教数学，算是父母二人分工合作。

我与菜虫最严重的一次冲突发生在大概一年级开学第二周的某一天，那天是外婆接的菜虫，跟表姐一起去外婆家。我下班到外婆家的时候，表姐已经快把作业做完了，菜虫仍在优哉游哉，就是不肯做作业。外婆的话自然是不听的，我进门后劝说再三，他也纹丝不动。我跟他说，快点把作业做完，又不多，做完再玩不好吗？还是不动。我瞬间火大，强行拖到书桌前，举起晾衣竿威胁，命令他写作业。菜虫眼泪汪汪，但还是开始写了。

我知道菜虫不喜欢这些机械的作业，没有孩子会爱上写作业。而其实呢，我也并不认为作业有多么重要，偶尔一次做与不做，有啥区别。但为什么饶是有这样的认识，还会强迫菜虫做作业呢？因为我有两个考虑。第一个，其实是一本我不记得作者的外国书上说的，一定的书面作业可以让孩子从身体到心灵得到收束，从而培养一种专注力；第二个，我们也想让他有一种认识，就是，无论你喜欢不喜欢，有些事情你必须去做，就像我们成年人，也经常必须去做一些不喜欢甚至讨厌的事。因而，我不能容忍菜虫因为厌恶、因为畏难，或者诸如此类的原因，就不做作业的行为，一次也不行。

这天晚上，我心情极其糟糕，因为我自己失控了。自己的情绪失控，就是教育的失败。虽然菜虫很快忘掉了我的发火，我的内疚与自责却一直持续，甚至持续到一年半之后写这个故事的晚上。但那一晚后，我再也没有因为菜虫不做作业而发过火，因为我理智上知道接纳与陪伴的重要。因而整个一年级，只要我在家，就陪伴菜虫，直到他作业写完。菜虫的书桌前是并排放两把

我并不绝然反对所有形式的作业，反对的是过多的机械抄写的作业。家长的态度很重要，一是共情，适当肯定，多加鼓励；一是宽容，作业做得无懈可击，与该孩子将来必成大器其实无甚必然联系。

椅子的，他坐一把，我坐一把。我不在，则换虫妈。这里也需要说明一下，陪伴的目的不是监督，陪伴是共同承担，不论快乐还是困难。事实上，快乐的时光远多于困难的时光。今年开春，我跟菜虫一起背诵“离离原上草”，感觉他挺有语言韵律的。

陪伴一年其实并不难，因为菜虫作业并不多，通常 20 分钟完事，长一点到 40 分钟，那还是因为他一年级时写字动作慢。陪伴一年的好处是养成了习惯，到二年级下学期，他基本上能单独完成作业。我做饭，他写作业。偶尔我还系着围裙的时候，菜虫就拿着小本子跑过来，让我解释一下这题是什么意思。解释完了，他回房间一个人自己做。做完我也从不检查，这是表示信任。

这也是我与虫妈比较重要的考量之一。既然选择公办学校，就是选择了还得做那种机械的作业的学习生涯。尽管“作业少，环境好”，但作业仍然是有的。我并不绝然反对所有形式的作业，反对的是过多的机械抄写的作业。家长的态度很重要，一是共情，适当肯定，多加鼓励;一是宽容，作业做得无懈可击，与该孩子将来必成大器其实无甚必然联系。

在菜虫从不爱做作业到自觉做作业的转变中，有一本书的阅读起到了很重要的作用，是虫妈买的一本韩国书，题目大概叫《学习也可以很快乐》。里面有一个冰激凌原理。为什么我们吃蛋筒的时候，要先吃头上的冰激凌呢，因为那个地方最容易化掉，所以需要先吃。书里的主人公给自己制定了一张行事表，列举数条事务，然后从重要到次要，一一完成。菜虫读了这本书后颇有心得，知道先把作业做完了，就可以做自己喜欢的事了。有一次与另一个小朋友一家在一起玩，提及对方小朋友不肯做作业，菜虫就劝说他，你先做作业啊，先把作业做完了，你就有时间做自己想做的事情了。我听了，亦不禁莞尔。

那么，背诵课文与朗读课文怎么办呢？《喝水不忘挖井人》都要背出来，菜虫可是一个一丝不苟的小孩啊。我的做法是偷工减料打折扣。只要菜虫不发现，听写就少写几个词语呗，课文背的不熟，也通过呗。还有呢就是多买书，买一堆适合他看的书。五天前，菜虫还不能自己读书，需要爸爸妈妈念给他听。四天前，我在外面有事，回家菜虫已经睡着，虫妈告诉我，今天菜虫突然自己读书了。读的是一本注音版的天体物理书。自后每晚睡前自己读15分钟，然后爸爸妈妈再读另外一个故事，已然持续一周。我极享受菜虫自己在阅读的那段时光，看着他，知道他在默读，偶尔会念出声来，那种津津有味的样子，我知道我们没有做错。

选择公办学校自然是不得已的妥协。我说过很多理由。但最核心的一点是，我与虫妈都希望自己有温和而坚定的观念。首先是温和，不直接冲突，尤其不在菜虫面前表现出对学校教育的不信任。坚定这个词同样重要，底线要守住。如果还需要一个词，那就是信任。你的孩子，值得你信任。

我要炸学校，身背炸药包

每次假期开学，都会面临一个老问题，某小朋友早上不肯起床，睁开眼睛很艰难，穿衣服亦很艰难。读小学三年，几乎每天都是妈妈拖他起来，除了读《驴小弟变石头》的那几天。那是一年级，尚可以用魔法说服。只要在小朋友身上放一块石头，说，哎呀原来魔法石头在这里，他就马上从石头变回驴小弟，一骨碌起来，兴冲冲刷牙去了。

问题是，之后他成为高年级大朋友了，又变成了科学小青年，不再相信魔法的力量，起床就变成每天的第一个难关。幸好虫妈温柔，很少发飙，否则，每天都会在争吵与呵斥中开始。到了晚上，又拖着不肯睡觉，希望秉烛夜游，长乐未央。也得怪爸爸，这几天在 iPad 上下载了小黄人的游戏，导致他玩游戏不肯罢手，于是又在争吵中结束一天。遥想这样的生活，简直令人崩溃。

最近几天，因为开学，大家都患上了开学综合征。开学综合征表现得最明显的，其实还是在爸爸妈妈身上。爸爸生病吊水，妈妈腰部椎间盘又犯了，不能用力，早上拉他起床，就像一个刑罚。

这样下去是不行的。如何让菜虫自己主动起床呢？虫爸陷入了深深的思考。

这天晚上，我灵机一动，问菜虫，你有没有什么最希望拥有的东西？只要你每天自己穿衣服起床，不用爸爸妈妈拉你，坚持一段时间，爸爸妈妈就帮你达成这个目标。

菜虫歪头思考，可是他似乎胸无大志，没什么强烈的欲望，沉默不语。

一步步来吧，我跟菜虫说，我们先得建立一个规则，给予一定的奖励，好吗?

比如，你做到一天自己起床，不用爸爸妈妈拉你，那么傍晚放学，爸爸来接你，就奖励你一个DQ的单球冰激凌。连续两天自己起床，就奖励一个双球的DQ冰激凌。

那三天呢？菜虫大概想到了DQ没有三球冰激凌。

奖励一个哈根达斯单球冰激凌。

四天呢?

哈根达斯双球冰淇淋。

五天呢?

奖励一个哈根达斯冰激凌蛋糕。

啊哦。哈根达斯冰激凌蛋糕，这个还是不错的。作为对巧克力冰激凌完全没有抵抗力的熊孩子，这个奖励规则，对菜虫来说，还是有一定诱惑力的。他似乎有点儿心动。

那么接着六天呢？菜虫问。

第六天就重新开始啦，是新的一轮。一个礼拜一轮。

那要是坚持一年呢？

坚持一年，那你想做什么，爸爸就帮你去做。

我要炸学校！菜虫大吼。

一瞬间，我与虫妈相视而嘻，竟然无言以对。

好吧，炸学校。我缓过神来。可是我们不会造炸弹啊。我跟菜虫说。

菜虫也陷入了思考，不会造炸弹，那可怎么办？

好吧，慢慢来。我跟菜虫说，我们先得学会怎么制造炸弹。涛爸是科学老师，他可能会有办法。

是吗，涛爸会造炸弹？

也许吧，我猜涛爸可能知道一些原理，他不是要带我们做一次科学活动吗，涛爸会带一些可怕的金属来，其中有些金属就是会爆炸的。

真的吗？菜虫惊讶地问。

菜虫知道，涛爸和虫爸，还有科学教主陈叔叔，正在策划一个科学活动。这将是一个很纯粹的科学活动，活动主题与生活中的金属有关，比如，会让孩子们思考，要是铁没有发明出来，那么古代人是怎么过日子呢。没有铁锅，怎么吃火锅、吃涮羊肉呢？

届时会有老师的演示实验，还有小朋友可以参与并动手的实验，还有一个趣味的科学主题演讲，主题大概叫作“可怕的金属”。关于金属的实验，菜虫听爸爸描述过，比如有一种金属叫钠，会在水里游泳，起反应。还有镁，也很活跃，菜虫看《黄飞鸿》，知道镁粉会爆炸，也许，这个镁粉可以作为制造炸弹的原料呢。

菜虫歪着头想了很久，似乎对这个活动很期待。

那，涛涛爸爸真的会造炸弹吗？

恩，涛爸是科学老师，即便不能一下子造出来，原理总是懂的吧。

那什么时候做这个活动呀？

10 月中旬啊，七天长假过完之后。

那，我们去炸学校的时候，先跟小朋友们说一声，让他们先离开。菜虫说。

好吧，炸学校的这个人，还是蛮有人道主义的，他只是想把学校这个建筑物炸掉。

第二天，我早上叫他：菜虫，起床了，自己穿衣服。他磨蹭了一会儿，还是把衣服穿好了，自己起床，洗漱，早餐，妈妈送去上学。

傍晚我接回来，先带到世茂广场，买冰激凌一枚，看他吃得高兴，就问，那我们什么时候去炸学校啊？

再说吧。菜虫舔着流到蛋筒边沿的冰激凌，一边心不在焉地说。

语文老师不教作文？

菜虫写过一篇作文，标题是《父母对我的爱》。其中第一段是这样的：

父母爱我，但也不是很爱，虽然不太打我，但我还是对父母非常有意见。对我来说，他们爱我只有米粒般大小的爱。他们骂我，我也不怕，只是骂回去。我圣诞礼物想要一把玩具子弹枪，如果爸爸打我，我可以开枪作为报复。

我将这个小文发在网上，于是引起了围观，还听到一部分怀着善意的忧虑的声音。大概是，这孩子，作文这么写，真的好吗？

作为当事人的父亲，我其实觉得没什么不好，哪怕他要拿玩具枪打我，我也还要感谢菜虫的“不杀之恩”。因为至少啊，这个作文中，表现出来的这个孩子的心灵，是极其自由的。他从来没有担心过，他的率性表达，会引起爸爸妈妈什么不安的想法。这个孩子生活在强大的安全感中，他在思想上，可以很任性，可以天马行空，从不必去考虑“画眉深浅入时无”的问题。

所以，看到这样的作文，我倒是欣慰占了多数。为什么呢？首先就是这种无所顾忌的自由感，未尝不是我所希望看到的。我与虫妈十年来的宠溺，至少保留了这个孩子的天性烂漫。其次呢，我觉得，写作是他自己的事情，即便我有多么喜欢写作，我多么富有作文教学的经验，但这仅仅是我的经验，我当然不能以我的经验，去取代菜虫自身的独特经验。是以，在菜虫写作这件事上，我基本上是退场的。这也是我一贯的教育立场之一。

菜虫三岁时，有同游玩伴的妈妈发问：虫爸你是语文老师，你儿子肯定会背很多古诗了吧？我说，没，我不教的。那位年轻的妈妈很惊讶。因为在惯常的思维里，读诗歌是需要童子功的，现在不懂，将来就懂了。而我却觉得，古诗这种东西，是需要自己有能力理解，读懂之后，才可以去喜欢的。给三岁孩子背古诗，这不是挫伤他对汉语的感情吗？读童谣倒是可以，因为既可以懂又有音韵之美。

菜虫读一年级之前，玩伴的妈妈又发现，菜虫不识字，又很惊讶："虫爸你不是语文老师吗，怎么不早点教菜虫认字？他读一年级要跟不牢的。"菜虫一年级之前，基本上只读图，读绘本，因为绘本的时期很珍贵，认字了，就会错过读图时代。至于小学跟不跟得牢呢，我现在可以毫无愧色地说，菜虫三年级了，而那些早早就认字的孩子，也不比菜虫强多少，泯然同于众矣。小学很漫长，而孩子的成长各有其时，提前认字，也要看孩子的个体特质。在菜虫身上，区别不大。

关于写作文这件事，一开始，菜虫确实也苦恼。直到二年级，菜虫西瓜大的字，认识还不到一箩筐呢。要写作，确实难。不过还好，可以用拼音。但就光是写汉字这件事，也很难啊。我有时候看他苦恼，就会陪在边上，偶尔提醒一下。有时候急了，看他磨磨蹭蹭写不出来，就口授，叫他记下来。谁知道这个孩子不干，他冲我一翻白眼，说：是你写还是我写。我只好嘿嘿一笑，随他自己。

我企图口授的做法，其实是很多家长的做法，只是我被菜虫驳回两次后，就识趣地闭嘴了。于是菜虫写作文，就都一个人胡写。在菜虫整个的写作练习中，我这个资深高中语文老师和热爱写作的业余写手爸爸，基本上是缺席的。前面列举的《父母对我的爱》一文，其实内部还有很多语法逻辑之类的谬误，也就可想而知了。

三年级后，每个礼拜要写一篇周记，菜虫挺苦恼。他发明了一个对付的办法，不管什么作文题，只写三行。我说你怎么只写三行？又不会死的，菜虫慢条斯理地回答我。好吧，确实不会死的。我闭嘴。

但后来，我也发明了一个办法，就是只要有空，就带他出去玩。去东白山露营后，菜虫激动极了，回来写了一篇周记，足足写了整两页，这可是破天荒第一次写这么长啊。去天目山后，菜虫也激动得写了好多。于是我们就经常带他出去玩。这个技巧，其实是从童话《5 月 35 日》里学来的。童话的主人公康拉德，要写一个关于南太平洋的作文，可是他从来没去过啊，怎么办？于是他找到一匹黑马，跟着黑马，钻进了一个衣柜，于是就穿越到南太平洋啦。果然，冒险回来，一篇长长的、文采斐然的习作，就出现啦。

小学半程话得失

三年级期末考试结束的当晚，我跟菜虫去看了个电影，庆祝假期来临。看的片子是《末日崩塌》，灾难片，讲美国地震的。看着电影里摩天大楼的幕墙玻璃碎裂掉落，铺天盖地纷纷扬扬，菜虫突然说，要是碎掉的是巧克力，突然有一块掉进嘴里，那就好了。

我闻此言，不由莞尔。这个巧克力男孩，认为所有非巧克力味的冰激凌都是耍流氓，如此大灾之下仍念念不忘，不关心民生疾苦，真叫人捉急啊。但诸如此类瞬间的幽默闪光，时常在菜虫的言谈之间出现，令我与虫妈发噱。昨晚上，他又讲了个冷笑话，我半夜回家，虫妈仍执意要转述给我听。说有一个同学把老师奖励的星星放在书包里，上课走神时被老师批评：你的心在哪里？同学面如土色，结结巴巴地回答：放、放、放书包里了。

幽默当然与智慧有关，也与对汉语的敏感有关，更与天马行空的思维有关。这个学期结束，菜虫在公立小学整整三年了，我观察这个孩子的同时，也在思考这三年菜虫的进步究竟在哪里，而我作为一个自认为教育观念温和而坚定的父亲，失误又在何处。

如上述事例，那种脑洞大开的想法，那种冷冷的幽默，以及对汉语的较为敏锐的把握，在菜虫身上是颇为多见。这使我坚信，三年来菜虫一定程度上保持了自己的懵懂无知与随心所欲。我也颇感庆幸。

我所说的僵硬的评价体系，指的是把老师的标准以及分数的高低，作为评价孩子的唯一标准。比如考试结束，家长问孩子的第一句话就是：考了多少分？家长仅仅把考分作为唯一评价指标，这是僵硬的评价标准在家长层面的表现。另一个层面是孩子，因为父母老师以此作为唯一评价标尺，孩子也将之作为唯一的自我评价标尺。而菜虫最大的特点就是，他分数考得高，不免也有些得意扬扬，但分数考得低，竟然从不垂头丧气。并且，他不垂头丧气的时刻远多于得意扬扬的时刻。因为，他有一个较为强大的自我建构能力，能随时随地发现更有意思的东西，从而将考分抛到九霄云外。再说了，他奇葩的爸爸妈妈也从来不以考分高低来褒贬这个孩子。

但作为一个奇葩爸爸，我其实并不是简单地反对体制。我选择送菜虫去公立小学，是抱着信任去的。而菜虫在公立小学的三年，进步也确实甚大。有三点，我认为是这个体制内教育给他的。第一点，他从一个羞怯、不善交际、不懂得跟同龄人沟通的男孩，变成了班级里颇受欢迎的同学，并找到了几个交情非常好的朋友。第二，我们体制内的语文教育，在识字训练上效率颇高，他读一年级之前，只认识一个字，现在能读小说和童话了。识字都是学校教的，我与虫妈除了给他念书外，从未特意教他认字。当然，就语文教育本身而言，小学语文教育还有许多可以改进之处，但这不是此文所要阐述的。第三，现在的小学对体育达标甚为重视，菜虫跳绳虽然不好，但不妨碍他热爱体育课，有体育课的日子，回家总是汗津津的。菜虫现在长得高大结实，从一进校的中等身材，变成班里个头最高者，并热爱游泳和骑自行车，这跟学校教育也无法分开，这也是比识字更让我看重的地方。

想到三年前，怯生生的菜虫甫入教室，因为他太独特了，以至于全班只有一个小女孩愿意跟他玩。当时我心里悲伤啊，觉得朝夕相伴了六年的这个男孩简直就是阿甘。而现在，放学后菜虫跟我一起骑自行车回家，神气活现，顾盼自如，我竟然有种说不出的骄傲。

所以，每次我看到焦虑的家长，总会跟他们说，其实我也焦虑，但是你何不纵向地、以较长的时间段来看待你的孩子呢？你的孩子在这些时间中，获得了多么奇妙的变化啊。时间，是成就孩子的最神秘的魔术，很多童话，都在讲这个道理。比如缅甸的“炼金师”的故事，象征义就在这里呢。龙应台说“孩子，你慢慢来”，其实，龙应台是说给家长听的。

今天菜虫又发明了一个冷笑话。他说，有个妈妈叫他的孩子去买竹竿，结果他买了一个猪肝。临走时，又买了一只猪耳朵，放在袋子里。回家，妈妈问，你的竹竿呢？小朋友拿出了猪肝。妈妈大怒，吼道，你的耳朵哪儿去了？小朋友面如土色，结结巴巴地说，耳朵，在袋子里。于是出示猪耳朵。

显然这个原创的冷笑话来自上次那个“你的心在哪里”的故事，但是听完我还是狂笑不已。

晚上，读罗尔德·达尔前，我突然想起一个问题，就问菜虫，小学三年，你最讨厌什么啊？最讨厌每天都要做作业。菜虫不假思索地回答。那么，最开心的呢？我紧接着引导。最开心的？菜虫歪着脑袋想了好一会儿，说：我想不出来。

好吧。这就是我家小学生给他三年小学生涯最真实的评价。尽管我前文尽数了小学三年之得，但在菜虫自己看来，却没有最开心的事情。当然，他因为超有安全感，所以也不很反感学校，每天都还是木乎乎傻乐，只是没有特别开心的事情而已。

而从我作为父亲的角度来看，尽管欣喜于他三年来的挺拔生长，但其实也还有许多忧心与失落。其中最沮丧的一件事，就是他近视了。去年夏天，我有一个演讲，讲育儿理念，我说我的理想之一是，菜虫能到 18 岁仍不近视。言犹在耳，不到半年，他便被诊断出真性近视了，就像一记响亮的耳光掴在我脸上。为此，我消沉了好几天，因为近视的进程，一般是不可逆的。突然间我发现，无论你秉持多么乐观的心态，有更多的事情，是作为父亲我无能为力的。

后来我查阅了很多资料，关于儿童近视，到目前为止都还没有找到确切可靠的原因。当然，也没有任何证据可以确认菜虫的近视跟学校教育有关，所以也就找不到责怪的对象，除了自己。不过我看到的数据也表明，大量的室内时间和人造光源，跟近视高发关系密切。但又怎么样呢，事已如此，无法挽回。

关于基础教育，我们总能听到这样的话：今天交给你一个孩子，明天将还给我一个怎样的青年。这样的大词我现在一点也不奢望，所求无非孩子身心健康。说实话，近视是这三年最打击我的一件事，让我深感自身的无力。

关于身心健康这点，近视属于身体层面，其实还有事关心灵的遗憾。比如菜虫读小学半学期，竟然学了一口绍兴脏话。他第一次说“脑系搭牢”，还误以为是脑袋靠在一起的意思。我与虫妈闻之大笑。大概是这次大笑鼓励了他，一段时间里他各种脏话喷涌而出，甚至有了很多恶毒的诅咒性脏话。我觉得大事不妙，赶紧想对策，一则正色告诉他，这是脏话，不文明;二则，我们全家不说脏话；再则，我们改变了受脏话刺激之后的情绪激动，与虫妈说好，无视他的脏话，假装置之不理，视若无物。于是一段时间之后，他也就不再齿及，总算让我略略安了心。

但更深的心灵层面的遗憾，远比说脏话更严重，就是被大词所裹挟。一年级到二年级，很长一段时间里，菜虫对我表达情绪最激烈的一句话，是骂我为某岛国鬼。如果我否决他的意见，他要表示强烈反对，便指责我为该岛国之鬼，真是令我莫名其妙。须知，在菜虫成长的环境里，但凡我可控制的范围，便不会有宏大叙事。之所以我有这样的设计，是因为我希望他在童蒙时期，是一个单纯的孩子。这也是我“温和地保护其不知情权”的理念。但显然，有更多我无法招架的力量，也同时在塑造着这个孩子。语文教材的课文语言不好，我不担心，因为有超多的课外阅读、一流的汉语经典，可供我们选择。但当思想的侵袭，不是单向的、线性的，而是立体、全面地影响到这个孩子的时候，家长实在难以抵挡。所以，偶尔，虎头虎脑的小男孩，义正词严说出与其年龄不符合的大词时，我也只好顾左右而言他了。

但即便是这一点而言，苦笑之余，我也并不觉得我完全无能为力。阅读之外，我发现旅行这件事很好，可以打破他被大词裹挟后的偏狭。因为旅行的要义在于遇见差异，而多元，正是治愈一元思想的良药。

小升初之忧

秋季开学后，菜虫升上了四年级，原来在同一小学的三位熟悉的姐姐，分别上了初中。其中两个进了同一所学校，另一个去了一所名校。

开学一月，菜虫聚会时碰到三位姐姐，听她们各自吐槽自己学校的各种不准：不准戴头饰，不准带挂件，不准涂手指甲……作业则多得不得了，各种试卷。据说有一天，该姐姐做到夜半12点后。尤其是第一次家长会，初中班主任训话，家长如聆圣训，个个摩拳擦掌，要决战三年之后的中考，需要卧薪尝胆三年之前。初为初中家长的诸位叔伯阿姨，也是紧张得不行，做好了艰苦奋斗的准备。

两位姐姐吐槽时，名校的姐姐一直不作声，直到她们争先恐后说出各种不准时，这位姐姐才轻轻地说了一句：这算什么呀，我们学校，不准笑。

菜虫起先就是听着，听到这句，不由大为震惊：啊，不准笑？

接下来的几天，菜虫经常跟妈妈提及他将要在三年后遇上的同样的初中生活。菜虫跟她妈妈说，该买学区房了。菜虫想要妈妈买那两位姐姐的学校的学区房，相对而言，这个学校作业稍微不多点。

我想，大概是不准笑这一句，刺激到菜虫了。菜虫是个爱笑的男孩，不准笑这个规矩，简直令人难以忍受，成了最大的障碍。要是初中的学校不准笑，那可怎么办呢？是以菜虫权衡再三，乃提出要去那个作业相对不多并且可以笑的学校去念初中。策略就是买学区房。

可是，离菜虫读初中，尚有三年呢。难道这个孩子，真是未雨绸缪，计议这么长远？后来我想，这大概跟他新学期遇到的新困难有关系。

新学期菜虫四年级了，属于小学高段，刚开学的第一个月，菜虫压力其实蛮大的。原因有两个，首先是换了班主任，新班主任的风格跟之前三年的班主任，很不相同。其次，到了小学高段，各种作业一下子多起来，刚开始的半个月，要面对比上半年多出近一倍的作业，菜虫挺愤怒的。

其实新班主任是一个很会哄孩子的老教师，因为她有经验，所以知道如何激发孩子学课内知识的热情，还会有一系列措施。其中一样，便是在班里引入竞争机制。比如，四年级的孩子们需要学习成语，老师便将两两搭配，彼此比赛，看谁记的成语多。菜虫也有一个对手，互相较劲，竞争进入白热化。之前三年，对于班级内的学业竞争，菜虫基本上是置之不理的，反正优哉游哉。而现在，他被拉进去了，居然也有了一争高下的胜负心。其实，对于这种学习成语的方式，我并不认同，对于这样直接而激烈的竞争，也不以为然，但菜虫既然在此群体中，我也只能船靠岸，而非强求岸靠船。

既然有竞争，自然会有压力，这个压力，被菜虫感知到了。显著的变化是，之前他基本不跟我谈考试分数，现在会主动跟我说到分数，我也就有口无心地敷衍他几句，不管什么分数，都说“还不错嘛”。而成语学习的结果，菜虫与他的对手互有胜负。当菜虫赢得兴高采烈的时候，我总是跟他说，你很不错，读了那么多书，确实应该赢。这些压力，稍微可以卸除一点。但是对于作业，显然是不可敷衍的，因为第二天要上交批改。当然，课程增多，课业增加，作业自然也增加，这是小学高段的必然要求，我与菜虫也理解。但理解之外，还得面对，这就更难啦。

而就在此时，又听到了乍上初中的姐姐在说初中的各种规矩和超级多的作业，菜虫的忧虑就更加深广了。未雨绸缪一下，提醒妈妈买学区房，也是应有之义。

不过呢，还是得承认，孩子的应变能力，确实不应被低估。现在，经过半个学期，菜虫的不适应已经没有了，也好久不提学区房的事情了。今晚上跟我的游戏是比赛记诵成语。他已经知道“栉风沐雨”和“东施效颦”这两个成语了，这可是高考要求啊。当然，背完“东施效颦”之后，我怕他囫囵吞枣，还是给他讲了这个故事。更何况，西施可是菜虫老家出的美女。

第 2 章

陪你去看流星雨

陪你去看流星雨

2013年的秋天吧，满城争说流星雨，据说绍兴是很好的观测点。好几个朋友分别给他们的孩子买了天文望远镜，这些孩子跟菜虫差不多同龄。我没买，一则觉得菜虫尚不感兴趣，一则我家住四楼，城里多雾霾，如何看得清？郭爸爸曾给菜虫买了显微镜作为礼物，我也一直藏着，说定是十岁才给他。

流星雨这个事情，我跟虫妈在饭桌上聊的时候，被菜虫听到了。

哦，流星雨？菜虫这个“哦”的声音，是上声，有好几个转折，表示很惊异。

就是流星砸到地球，恐龙才灭绝的。菜虫说。

这次，会砸到地球吗？菜虫有些担忧。

菜虫看过《恐龙》这个电影，里面有流星撞击地球引发大灾难的场景，很震撼。我想菜虫的担忧，大概是这么引起的。

它们进入大气层后，与大气层剧烈摩擦，早就烧光了。我说。

这部分科学常识，菜虫已经知道了。他科普读物听了不少，也读过《神奇校车》，里面有太阳系之旅。后来还与我一道看了电影《地心引力》，主要的电影情节也能懂。

流星飞过的时候，可以许愿的。于是，我打算给他讲点小文艺的故事。

许愿？菜虫又奇怪了。

据说，流星划过天际的时候，你只要许一个愿望，同时将衣带打个结，你的愿望就一定能实现。我说。

真的吗，真的能实现吗？

真的呀。

那你实现过吗？

没有唉，爸爸很笨的，来不及打结。

嗯，打结。菜虫一边呢喃，一边开始在衣角打结。

我们去看流星雨吧。我忽发奇想。

你神经啊。一直在边上笑嘻嘻听着的虫妈表示反对，流星雨要半夜三点呢。

好啊好啊，我们去看。菜虫欢呼雀跃。

嗯，我们车子开出去，去郊外看。城里空气不好，灯光又亮，看不到的。我说。

那你起不来怎么办？我对菜虫说。流星可是半夜才有的，你还睡着呢。

你叫我，我就醒了。菜虫很自信。

那你早点睡，待会儿时间到了，我轻轻叫你三声，要是你醒不来，我们就不去了。

当晚，菜虫兴奋得翻来覆去睡不着，我担心，待会儿叫不醒他。

后半夜两点半，我起来，在熟睡的菜虫耳朵边轻轻说了一声，菜虫，起来看流星了。我本想只叫一声，这样我说话算话，叫过他了，是他自己起不来，我可以继续睡觉，他第二天也怪不了我。谁知道菜虫一骨碌就起来了，这个轻轻的声音好像一声巨响，把他惊醒了。他换了衣服，刷了牙，迅速准备好，跟以往的赖床表现判若两人。我只能带他去了。

下楼，秋天的后半夜，不冷，很凉爽，黯淡的路灯光，照着黑魆魆的植物，小区里一片寂静，只偶有一些秋虫的鸣叫。菜虫很新奇，他还从来没有这个时辰出现在小区里过。我们上了车，一路驶向郊外。我早就想好了，要去会稽山脚下，平水不到，有一片空旷的田野，在那里可以观察流星。

车过街区，有好几家通宵营业的店铺还灯火通明。菜虫很奇怪，咦，他们怎么半夜还开着啊？

是呀，因为这是通宵的店，比如那家可的。

那人们不是睡觉了吗？

大部分人是白天工作，晚上睡觉，也有一部分人是上夜班的，晚上工作，白天睡觉。

闲聊之间，车子已到达目的地，一片空旷的地区，周围是农田，不远处有一条小河流过。这里离城市已有一段距离，但又不是特别荒凉，偶尔有夜行的汽车从很远的地方射来黯淡的灯光。四周阒寂，唯有虫声此起彼伏。

青蛙。菜虫说。

蟋蟀吧。菜虫又说。

这个夜半的时间，与我单独在野外的经历，是菜虫人生第一遭，他充满了新奇，一丝困意也没有。

我们爬上车顶，以免视线被周边的高大植物遮挡，屈膝坐在车顶上，互相依靠。

来之前，我做了点功课，查阅了天文图，找到今晚爆发流星雨的猎户座在哪个方向，指给菜虫看。我们安静地坐着，眼睛盯着猎户座方向。

仔细看哦，流星是一瞬间出现的，一眨眼就没了。我提醒菜虫。

父子俩痴痴地昂着头，像两只支着脖子的鹅。

怎么还不来啊。菜虫问。这个时候，大概才过去 3 分钟。

要有耐心，一个小时里，会有 20 多颗呢。我说。

怎么还不来啊。菜虫又问。这个时候，大概过去了 10 分钟。

要有耐心啊。

菜虫的耐心总是有限的，他起身，眼睛开始扫视周围。

快看，流星！就在这个时候，我看到了一颗流星。菜虫连忙顺着我的手指望去，流星已经消失了。

没有啊。菜虫说。

已经飞走啦，我说，告诉你要仔细看嘛，流星很快的。

于是继续望天。这次，菜虫变得很专注了。

你看，爸爸，流星！不久，菜虫果然看到了一颗，他惊喜地叫起来。这一次，轮到我走神了，没看到。

于是两个人又专注地望天，如两只呆头鹅。

闲聊之间，车子已到达目的地，一片空旷的地区，周围是农田，不远处有一条小河流过。这里离城市已有一段距离，但又不是特别荒凉，偶尔有夜行的汽车从很远的地方射来黯淡的灯光。四周阒寂，唯有虫声此起彼伏。

我们一共在野外待了近一个小时，结果流星没有如预报的那样大爆发，只是分别看到两颗而已。

你许愿了吗？我问菜虫。

没，忘了。菜虫有些遗憾。

我也没许，来不及。我说。

我饿了，我们去吃肯德基吧。我看了看手机，已经快凌晨4点了。

于是就去肯德基。后半夜的肯德基居然人还不少，多是夜班师傅。服务员很惊异，说，小朋友，这么晚还不睡。

我们去看流星了。菜虫的语气有点炫耀。

哇，看流星！服务员赞叹，那你许愿没有？

没，来不及。菜虫实话实说。

真了不起，将来要当科学家呢。服务员又赞叹道。

菜虫吃了一盒上校鸡块，一杯饮料，一个蛋筒，心满意足，回家大睡一觉，日上三竿才起。

最近世界杯了，菜虫知道我三更半夜看球，也跃跃欲试，想起来跟我一起看球，不过我一直没叫他，毕竟熬夜不好。

德国队对巴西队那场，时间是在凌晨，我一个人在客厅，电视音量关掉，正喝着啤酒看球呢，忽然听到拖鞋噼啪的声音，回头一看，菜虫自己醒了，抱着小被子，摇摇晃晃来到沙发前。我又惊又喜，忙招呼他，菜虫，你来看球啦，来，坐到爸爸边上。菜虫靠着我，被子裹着身体，使劲睁眼看电视，可是他实在太困了，又不甚懂得足球，没多久，就在沙发上睡着啦。

虫子骑车记

骑自行车是一件非常不值得炫耀的事情，人家小屁孩早已经骑得很溜了。我当然不是来炫耀的，那也太 low 了。分享菜虫的这个故事，完全是因为有个绘本叫《鸭子骑车记》。

《鸭子骑车记》据说是大卫·香农的一个代表作，但其实是一个不怎么好玩的故事，无非是一个午后，一群家禽家畜，骑了一回自行车而已。按照我们国人的理解，一点儿也不励志。没有战胜艰难去获得成功，也没有逆境使人成才，也没有九九八十一难终成正果。所以这是一个超级无聊的故事。

我要讲的菜虫学骑车的故事，也很无聊。正月里，我给他买了一个美国牌子的折叠自行车，在世茂广场学了两天，他就自己上路了。现在学自行车是很简单的一件事，因为有适合孩子的各种款式的自行车，跟我们小时候骑 32 寸的大车不同。在世茂大广场里学车的时候，菜虫也摔了几次跤，不过都没大碍。我跟他说，据说只有两种技能是学会后一辈子不会忘记的，一个是自行车，一个是游泳。菜虫果然很有兴趣，两个下午便学会了。之后不久开学，就没太多时间骑车了，为了印证我的话，菜虫曾使劲想忘掉如何骑车，可过了好多天，他还是会骑，于是就信了我说的话。有时候放学无事，也骑车在小区里转一圈。

6 月份之前，菜虫上学还是由我们用汽车接送的。这是这个时代不同的地方。我说现在的孩子都是汽车儿童，因为汽车才是他们的主要交通工具，骑自行车反而成为一种体育锻炼。

菜虫第一次骑车回家，不是因为我要锻炼他的能力，而是我驾照几乎没分数了。作为一个开车如放牛的驾驶者，我在 2014 年至 2015 年的一年里，被扣掉的分数都快考试及格了，并因此连累我周围的同事朋友家人，他们均对我愤怒不已，怨声载道，强烈要求吊销我的驾照。现在，我的驾照上尚存可怜的三分，所以就尽量避免开车。要么骑公共自行车，要么打 Uber。

那天下午，我要去接菜虫，不想开车，突然灵机一动：我何不先骑菜虫的折叠车去他学校，然后他骑自己的车，我骑公共自行车回家呢？我就这么干了。看到我带了他的自行车来，菜虫很激动。这是他第一次自己骑车回家。

回家的路其实并不远，但这是菜虫第一次在非机动车道上骑车，周围来来去去那么多车，他还是有点小紧张，整个路上花了二十多分钟。在经过一个即将废弃的老汽车站时，菜虫摔了一跤。但他马上就自己起来了，说没事。我查看了一下，腿上稍微有点乌青，并无大碍。

现在，除了有时候放学跟我一起骑车回家外，晴朗的周末，我们都会一起出去骑车，周边较近的地方也骑车去。比如去游泳，我就让菜虫骑车，我步行。总之菜虫还是蛮喜欢骑车的，他今年的素质报告单特长一栏里，填的就是“骑车”。

那么，我们是不是应该来挖掘一下骑车的深刻意义呢？比如，历经挫折，菜虫终于学会了骑车，这里面的教育意义就是，世上无难事，只怕有心人。比如，骑自行车意味着人生是一次攀登的旅程，永不放弃你就会到达成功的彼岸……诸如此类，我们还可以升华出很多。

但其实，借这篇言不及义的小文，我只想说一个意思：在我们的日常生活里，并不是每一件事都有深刻的含义。说到底，这也是《鸭子骑车记》这个故事的意义。一点儿也不励志，一点儿也不上进，就是煞有趣味地玩了一个午后——这何尝不是我们所理解的人生的意义之一呢？有时候，我们就是可以无所事事地度过整个下午，甚至无所事事地度过更长的一整段时间啊。

就像那首广为流传的诗:《我想和你虚度光阴》。时间，有时真是用来虚度的，去做那些毫无意义的事情好了，去过游手好闲的人生好了。何必把每一分每一秒都用到锱铢必较呢？只要我们喜欢，就去和喜欢的人，或者喜欢的事物，虚度一生，这样也很美好。就像朱赢椿先生的一本书:《空度》。

菜虫喜欢骑车，大概就是喜欢那种获得了操控能力后，灵活驾驭的自由感吧。迎风而行，无所牵挂。很久很久之前我看过一个电影《与狼共舞》，里面有个印第安人，名字叫“风中散发”，大约就是这种感觉。

2014 年夏天的奇迹

2014 年夏天发生在菜虫身上的最大奇迹，是他学会了游泳。这件事，我觉得应该好好说一下。他从一个怕水的孩子，在几天之内，就变成了一个热爱游泳的孩子，并且声称以后要跟章叔叔去横渡钱塘江。这件事同时也更使我确信两点：一是你的孩子值得你去信任；另一个是，万物各有其时，家长在当下的焦灼，于事无补。

最早是 2008 年的夏天，当时菜虫两周岁半，还长得胖嘟嘟的，我第一次带他去成人游泳池。正值北京奥运会比赛正酣，我带着菜虫在更衣室换衣服，周围的叔叔伯伯都说，游泳要从娃娃抓起，这个孩子，难不成将来要拿世界冠军。这些善意的揶揄，让大家都很快乐。我给菜虫一个游泳圈，带着他在大池里遨游。我仰泳，把他放在我的肚子上，爸爸就像一艘船。这是最快活的一个夏天，我只是带他玩水，什么要求也没有，彼此都很快乐。

2009 年的夏天如期而至，我仍是带他玩水，仍是仰泳，什么要求也没有，彼此都很快乐。

接着就到了2010年夏天了，我又带他去了游泳馆，但是他喜欢小池，水浅，自己能够着地，很放心，他就不肯去大池了。我说，菜虫，你有游泳圈，不用怕，爸爸会在边上扶着你。菜虫不去。我强行抱他下水，菜虫大哭，抗拒。自此不再进入深水池。

2011年夏天，菜虫仅在小池玩，从不进入大池。我一提，他马上反对。我就在大池里静默地游几圈，然后看着他。

2012年夏天，菜虫仅在小池玩，从不进入大池。

2013年夏天，菜虫已经超过1.30米了，而大池最浅处无非1.20米。我跟菜虫说，你已经1米3了，不用怕了。菜虫仍不去。

2014年初夏，菜虫身高超过了1.40米，仍在小池玩。我跟他说，你要么去一次大池，否则我以后不带你来了。菜虫乃下大池一次，双手双脚紧紧地抱着我，宛如老藤缠绕古树。我感觉得到他的紧张。

这一天晚上，我与虫妈讨论暑假计划。我说，陈叔叔说，要去长滩。埋头吃饭的菜虫把头抬起来：嗯，长滩？

长滩，在菲律宾，一个美丽的海岛。我跟虫妈说。

那，有海吗？

有啊。

那，有沙滩吗。

有啊。

那我们去，我们去。菜虫欢呼雀跃。

这个时候，还没有放假，是在六月中旬。我收到成都朋友的邀请，要去成都一趟，于是跟虫妈菜虫商量暑假计划。计划书这个东西，菜虫是非常喜欢做的。他读过一套韩国校园小说，其中有一本专门讲怎么制订计划，菜虫读完后，每天写一张计划表贴在墙上，第二天又新写一张，把旧的扯下来扔掉。因为菜虫的计划书写得实在太具体了，具体到每分钟都有详细安排，而他又完不成，常为此自责。

我跟菜虫说，计划书吗，就是用来违反的啊，就跟纪律是一样的，不是用来遵守，而是用来违反的……

菜虫嘿嘿一笑。

但是，我又说，你制订的太详细了，你如果制订的不那么详细，你还是可以完成的。比如，快要放暑假了，你可以制订一个暑假计划表。

好呀。菜虫说。

你可以想想，暑假你要做什么。

我要去长滩玩沙子，玩海。菜虫说。

可是你不会游泳。我指出。

那爸爸，你上次说，多高的个子可以开始游泳啊。

1 米 3 啊，你去年就超过了。

那我要学游泳。我要在去长滩之前，学会游泳。

真的吗？我又惊又喜。

真的。

那好啊，我帮你约几个朋友，暑假一起去学游泳。

转眼暑假就到了。菜虫每天吵吵着，叫我带他去游泳池，于是我每天的任务，就是带他去游泳池。开头两天，他仍在浅水池。第三天，他愿意跟我去深水池了。他小心翼翼地下水，踮着脚尖，然后发现，水其实很浅嘛，刚到他的脖子，于是他放心了。但他还是拿着一块划水板，不肯放掉。不过我已经很开心了——进步神速啊。多年来一直不肯下深水池，今天总算下去了。

第二天，我心里想，好了，我要教菜虫屏气。我先屏气，潜水，然后跟菜虫说，要学会游泳，需要先学会屏气，你敢把整张脸都浸到水里去吗？菜虫果然浸了一下。就这样，暑假开始游泳的每一天，菜虫都有小小的进步，他自己也觉得很有信心，每天最期待的事情，就是去游泳。

到 7 月中旬，计划中我们是要去成都玩，但菜虫认为成都没有海，不是很想去。后来听说三星堆是外星人遗址后，就决定去了。去成都之后，接着是去参加游集文化的三峡古诗学习之旅，由冉匪带队。傅寒兄诚挚邀请我们一家参与，我很认真地问菜虫，你想去三峡吗？坐豪华游轮。菜虫认真想了想，说，我还是回绍兴学游泳吧。于是，菜虫就回来学游泳了。

我给菜虫找了个教练，一周之内，菜虫就学会了。可惜的是，我们的时间没凑好，长滩之行最终没有实现。作为补偿，我们还是去了海边，只不过换成了朱家尖而已。菜虫与同学陈天译玩得很开心。

现在想来，这件事还是很令我惊喜。其实最惊喜的不是他学会了游泳，而是他学会了为自己的一长段时间做规划，并且用自己的努力，完成了这个规划的任务。我希望他将来成为少年、青年后，也能规划自己更长段的时间，甚而规划自己的人生。

2014，菜虫轶事

正月回老家，镇上塞车，菜虫一路不断抱怨路小、车挤、地面肮脏，好像他来自大城市一样，装外宾啊。我听久了实在按捺不住，乃大怒：我们大诸暨，也是盛产土豪滴……

菜虫的姑姑获准入籍澳洲后，我跟菜虫说，你姑姑变成澳大利亚人了。菜虫说，哦，是吗，那她的皮肤也变成白色的了吗？

我的 kindle 上有个文档，标题是《菜虫和他的麻烦爸爸》，菜虫过来看，看到他的名字，很惊讶，大声念了下去：菜虫和他的蚂蚱爸爸。

某天，正在闷头吃小鱼干的菜虫突然说：爸爸，我知道“年年有余”的下联是什么，就是“月月无虾”，因为年对月，有对无，鱼对虾。嗯，说得真好，我说，怪不得你从不吃虾。

暑假第一天，带菜虫去市场买菜，路边摊的大妈看到菜虫，不住口地称赞：这个小官人，相貌呐个有噶好！你看他的眼睛，呐个噶大！又问，小官人，侬几岁哉？菜虫说九岁。大妈惊讶道：九岁，呐个噶长！下窍大姑娘背后头跟满来……无奈，我在大妈那里买了五斤玉米，二斤花生，三根丝瓜，一堆茭白，一把四季豆，若干本地毛桃……这是多么好的营销啊！

带菜虫去上海书展，书展结束后，我问他去海洋馆还是动物园，菜虫说，爸，你没去过动物园，我带你去动物园吧。

8月20日，今天虫爸睡懒觉，菜虫自己起来，打鸡蛋，倒牛奶，和面，放巧克力粉，然后用厨房刀切一片黄油，在微波炉碗里搅和——2014年夏天的奇迹。

菜虫作文一篇《阳台上的葱》：妈妈在阳台上种了一盆葱，她说煎鱼的时候可以采来当佐料。记得的时候她就去浇水，不记得就不浇。暑假里我们去旅游，回来时，花盆里长满了草，连葱都找不到了。妈妈可能会用草来煎鱼吧。爸爸补充道：这就是所谓的草鱼。

我说世界上最美妙的豆子是咖啡豆；菜虫认为是可可豆。

菜虫吃饭，每次都吃不干净，碗内留有饭粒。我总是教育他：菜虫，粒粒皆辛苦啊。菜虫总是反驳：跟我又没关系的，我又不是农民。我今天发飙了，我说：你不是农民，你爹是农民！菜虫手指头指指我胸口：你只是小时候是农民吧，现在你是老师。

放学接了菜虫，车停世茂广场，我去银行办事，给了菜虫十元钱，叫他买冰棍。回来菜虫冰棍还没吃完，我问，冰棍几块钱啊？三块。那找的零钱呢？刚才有个乞丐过来讨钱，我把七块都给他了。我大汗，富二代，你真有爱心。

晚上菜虫趁我不备，猛喝三大口我的咖啡，大喊：哈，今天晚上我失眠，不用睡觉啦！

书法课上，老师问，最大的水怎么说？菜虫曰：洋。老师又问，最小的水呢？菜虫曰：滴。虫妈去接菜虫，老师表扬道，汉语感觉真好，绝了。

虫爸周日去医院割一小块赘肉，在小腿上，约小指头大小，略紧张，此为虫爸出世以来所经历最大手术。菜虫与同学陈天译陪同前往，老怀甚慰。不过虫爸在医院下车后，菜虫与陈天译就去万达广场游乐中心了。两小时后，虫爸门诊手术结束，一瘸一拐下楼，正值菜虫与陈天译玩毕归来，只见他俩甫一下车，呼啸而来，齐声问道：爸爸，虫虫爸爸，你割肉的时候，有没有哭啊？

菜虫，我要数落数落你

亲爱的菜虫：

你好呀！

2015年2月3日，是你十岁（虚岁）的生日。那天晚上爸爸在加班改试卷。其实这是一件毫无意义的事情，改试卷，天下还有比这更无聊的事吗？我们大人总是喜欢做一些毫无意义的事情，然后努力装出这件事好像很有意义的样子。每当这个时候，爸爸就觉得大人们，或多或少，像《皇帝的新装》里面的裁缝，是骗子。

后来我回家，你早已经吃好小蛋糕了，你跟妈妈两个人，在家里过了一个两个人的十岁生日。我看妈妈发在微信朋友圈里你吹蜡烛的照片，心里有点儿难过。我觉得错过你十岁的生日，是我莫大的遗憾之一。幸好，后来还有农历生日，在小芦弟弟操办下，我们又吃了一次哈根达斯冰激凌蛋糕，总算有所补偿。

为什么十岁生日很重要呢？当然因为这是我们的风俗。你那个好朋友同学，在酒店里办了三十几桌呢。爸爸妈妈虽然不会这样大操大办，但是也会将这个日子，看作很重要的一个时间节点。爸爸希望，在你自立之前，每一个重要的时间节点，我都不错过。现在，你看，你都十岁了，好了不起。我们一起度过了漫长的十年啦！就连你上小学，也已经过了三个年头。据说人生漫长，可是爸爸觉得，这十年，怎么就转瞬即逝呢？

今天放学的时候，你在公园的小路上走，爸爸在后面远远地跟着，一边欣赏路边的迎春花啊、杜鹃花啊什么的，一边沾沾自喜，深以选择送你来这个小学而自得。看你欢快地、蹦蹦跳跳地向前奔去，心里就很感慨。三年前，爸爸写过一篇叫《目送》的文章，讲我们怎么送你上学。那时候你初入小学，天真又稚嫩，加上人还长得雪白粉嫩，经常有另外年段的老师串门时去看你，并且说，哦，这就是菜虫虫啊。现在呢，你已经像个老江湖，是个老油条了，竟然开始背后议论老师了，听得我笑死。

但是，就在爸爸写到这里，想要抒情的时候，忽然想起来，现在你正在洗脚啊。我就跑过来看，果然，你又把卫生间弄得水漫金山了。你都十岁了啊，你洗脚之后，为啥卫生间里总是水漫金山呀！

你都十岁了呀，为啥你每次吃饭后，你的座位底下，总是有那么多饭粒呀！

你都十岁了呀，可是，为什么，你的书桌上，总是一团糟呀！就是说，你能不能自己收拾收拾啊。其实，写完这句，爸爸也哑然失笑。为什么，爸爸妈妈不也这样吗？

你看，你妈妈的衣服，是永远堆在那里的。好吧，我自己知道，爸爸的书，也是永远堆在那里的，以至于爸爸明明知道这本

爸爸希望，在你自立之前，每一个重要的时间节点，我都不错过。现在，你看，你都十岁了，好了不起。我们一起度过了漫长的十年啦！就连你上小学，也已经过了三个年头。据说人生漫长，可是爸爸觉得，这十年，怎么就转瞬即逝呢？

书我是有的，但永远找不到，要严肃引用时，只好去亚马逊重新买一本。你有样学样是吧。

好吧，以上算是我在数落你吧。因为爸爸妈妈知道一点点教育原理，所以在数落的时候，往往想到自己的缺陷，以及自己在教育中的失误，这个数落就不太有说服力了。再说了，饭桌上数落孩子，别提多烦了，这点我们都是知道的，所以今天既然要写一篇以后你才会看到的文字，那么我趁机还是多数落一下吧，因为平时都没什么机会数落你。

你数学课上课能不能听得专心一点啊，你三位数的除法都不太会做啊。

你能不能不再看《熊出没》啊。

你能不能好好刷牙啊。

你能不能少吃点巧克力啊。

你能不能多吃点蔬菜啊。

还有，你能不能不去偷那块溺水桥姐姐寄来的土红糖的糖砖吃啊。虽然爸爸也偷吃，可是你牙烂烂好吗？

当然，你这个小朋友，即便爸爸妈妈所见全是缺点，但也并非不可爱啊。当你又发明新的淘气时，当你又学会一样新的技能时，当你又有某句名言时，还有，哪怕你又多了一样爱吃的蔬菜，爸爸妈妈就又是欢欣鼓舞，背着你偷偷地乐，就好像你是世界上最棒的孩子一样。爸爸妈妈就这点出息，别人望子成龙，我们只愿是条菜虫，就足矣啊。

尽管如此，爸爸还是有最后的两条要数落你，对啊，就是要用爱的名义绑架你，数落你还不是为了你好嘛，你现在不懂，将来就会懂了，哈哈哈，这就是爸爸经常嘲讽的别人的教育观念，原来我们自己也是这样的。

比如，从去年开始，你就学会把自己房间的门关上了。嗯，爸爸妈妈心知肚明，这是你又成长了，要自己的空间了，所以我们很知趣，要进来时，会先敲门。可是，你还是得把自己的时间安排好啊，就那么点作业，及早做完，不拖拉，你不是就有更多的时间玩了吗？！

还有，你现在知道向爸爸妈妈示威呛声了。但是，如同爸爸给你说的那样，你可以表达情绪，但不能否认事实。因为事实摆在那里，你不能用否认事实的方式，来达到你的意图呀。归根到底，爸爸妈妈是纵容你的，是会首先考虑你的情绪的，所以，你也可以考虑调整自己的策略呀。归根到底，你十岁了啊，你应该有比以前更多的理智，来与爸爸妈妈周旋嘛。

这后一点，爸爸在接下去的时间里，还会继续跟你沟通的。

你的爸爸

2015 年 4 月 16 日，于你睡着之后

刘翔跑得比野猪快吗？

从天目山回来的路上，菜虫突然问妈妈：那么，刘翔跑得比野猪快吗？

我闻此问，不由失笑。但是我没有即刻回答，只是说，这个问题问得好，有创意。妈妈建议算速度，算一下野猪的最快速度，以及刘翔的百米冲刺速度，就能算出究竟是刘翔快还是野猪快了。

大家都听出来了，我们这些无趣的成年人，对问题的回答，比起菜虫的提问本身，索然寡味多了。为此我真的很佩服菜虫，他总能提出匪夷所思的问题，令我捧腹之余，也令我沾沾自喜，即，到目前为止，菜虫还是一个充满好奇与想象力的孩子。

有一天，我们吃晚饭，菜虫照例又掉了很多饭粒到地上。关键是他光脚只穿袜子，我担心他踩到饭粒，就埋怨他，菜虫，你又掉那么多饭粒。

菜虫不理我。对的，对于此类埋怨，十岁的菜虫已经无动于衷了，他现在已经发明了一种非常不耐烦的口气来回答我与他妈妈：好好好好好。连续五个好，极速，中间不停顿，表示“老爷子，你就别烦了”这个意思。

今天我跟他说，你饭粒又掉了。菜虫不理。吾乡习俗，一粥一饭，当思来处不易，自小我们便被说教不能浪费粮食，天雷公公要打的。菜虫已经不觉得新鲜了。

我埋怨了一句，觉得没人理我，自讨没趣，就停下来了。

隔一小会儿，菜虫突然问，妈妈，古代人屋顶上盖的那个叫什么呀？

盖的那个叫瓦片。妈妈说。

那瓦片导不导电的啊？菜虫问。

导电？妈妈很惊讶。

是呀，屋顶上盖的瓦片，导不导电的。菜虫追问。

不导电呀。妈妈说。

那天雷公公也打不到古代的小孩子呀！菜虫说。

我倒。怪不得，这小子这么淡定，原来是因为瓦片不导电，科学小子很有逻辑嘛。所以饭粒掉地上再多，也不会遭到电击。并且，现在呢，房屋的避雷指数更高了，他当然掉饭粒更安全了。

当然，菜虫没有料到一种特殊情况，就是大雷暴，雷电的电压是超高压呀，区区瓦片何足道哉呀。所以高压电线边上有严肃的警示语：万伏高压，一触即死，违者罚款！但我没跟他展开讲。

像这样“刘翔快还是野猪快”“瓦片导不导电”之类的神逻辑，让我明白，菜虫已经建立起自己严密的逻辑世界。韩寒说世界上有两种逻辑，一种叫逻辑，一种叫中国逻辑。其实，还有一种叫菜虫逻辑。在菜虫逻辑的世界里，有两个层面，一个是魔法层面，一个是科学层面。这两个世界，一般而言是相互独立、彼此共生的。菜虫进入魔法世界时，比如他做了无数超级魔药，装在瓶瓶罐罐里的时候，科学世界并不存在；而当其巫术幻想遭到质疑的时候，科学世界则可以为之辩护。关于有没有外星人这个事，他也想过，神仙跟外星人是不是同一种人。这个符合很多科学假说呢。但是他终于把这两者分开了：神仙，存在于魔法世界里；外星人，则要以科学逻辑去阐述。

刘翔跟野猪赛跑这个问题，其发生的内在逻辑，我怀疑是这样的，去东白山露营那次，我说东白山有野生动物，比如野猪。我是夸张的说法，其实，松鼠倒是不少，不过呢，深山密林处，也不排除确实有野猪的可能。

那么刘翔怎么掺和进来的呢？那得从姚明说起。菜虫从学校里知道，姚明个子高，篮球很好，是中国人的骄傲。还有一个中国人的骄傲，就是刘翔，刘翔跑步很快，是奥运冠军。有一天晚上，菜虫问我，姚明个子有多高，我拿过 iPad，跟他一起查了一下，2.26 米。又一天晚上，菜虫问妈妈，妈妈，你喜欢刘翔还是姚明？

天目山，是自然保护区，比东白山更野，自然也有野猪。既然野猪跑得很快，而刘翔也跑得很快，那么刘翔跟野猪究竟哪一个更快呢，这当然是菜虫会研究的一个问题啦。

吾乡俗语：问得萝卜不生根，问得葫芦不搭藤。这个说的就是孩子们那些天真好奇的疑问吧。我是多么欣喜于菜虫每每问出的这些脑洞大开的问题呀。我们捍卫孩子的童年，无非就是捍卫这些好奇心与神逻辑呀。

前段时间在南京，我说，我是你即将到来的日子。这个“我”，指的就是这些拥有神逻辑的孩子们，而非我们想象力日渐枯竭的成年人。想象一下吧，我们一直捍卫他们出奇出格的奇妙幻想，这个必将为他们所拥有的世界，在他们这一代手上，会变成一个怎样匪夷所思的世界呢？

著名音乐男神李志有首歌叫《这个世界会好吗》，我相信李志这个退学的穷青年肯定读过梁漱溟，否则怎么会问这个充满家国情怀的问题呢？我一直不否认我是浅薄的乐观主义者，看到如菜虫般妙想天外的小朋友们，对于李志的天问，我总会报以乐观的回答。不过我还有一个疑问，菜虫没听过李志，要是他听李志这个老烟嗓，会不会继续追问，夜枭唱得比李志好吗？

陪伴游戏：家长的职责

体制内的小学教育尽管有着固态知识传授方面的高效率，但有一大块缺失也是很明显的，就是那种形式多样的、内容自主的学生活动，付诸阙如。今天菜虫参加了学校一年一度的秋游，所谓秋游，就是集体步行到最近的一个免费公园，然后围坐在一起吃零食，吃完家长接回。而这其实已经算很不错了，孩子们至少离开了教室，离开了学校，获得了新鲜感。

近年来因为诸多因素，学校视学生的安全为头等大事，这本来是好事，但由于法律法规不够健全等原因，学生一有差池，家长便来理论，导致校方风声鹤唳，越来越害怕承担责任，几乎不再有官方组织的大型野外活动。甚至有过于担心的学校，连课间十分钟都禁止孩子们去操场玩。而其实，这种活动的时刻，才是留给孩子们印象最深的时刻。从教育的角度而言，也是孩子们最容易学习到各种技能的时刻。

鉴于小学阶段的户外活动减少，自菜虫上小学，我就一直注重带菜虫和他年龄相仿的朋友一起去玩。最简单的就是周末，约几个同龄人一起玩，只要有伙伴，只要是野外，均可。有时候，我与我的朋友，也做过几次策划。比如我们会约几户教育观念相近的人家，周末一起去上海参观科技馆或海洋馆，在那边看各种各样的东西，看 4D 电影，吃垃圾食品，然后晚上回家。

我们也参观博物馆，时机选在电影《博物馆奇妙夜》看完后，但这个显然有很大的破绽，小朋友们参观回来，纷纷吐槽，说这个博物馆一点儿也不好玩的，没有一个塑像会活过来。

我也带菜虫去参加上海书展，逛了一大圈，菜虫觉得很无聊，儿童展区没什么好玩的，就跟我说，嗨，爸爸，你还没去过上海动物园吧，我带你去动物园。

这样的活动做起来很方便，说走就走，孩子们有伴，也开心，在参观的过程中，作为父亲或者母亲，还可以跟孩子们有某些讨论。比如上海科技馆曾有一个巨型的恐龙展，那一次尽管没有事先做攻略，但大人和孩子都获得了新知识。更为关键的是，这些活动的过程中，那种对万事万物的好奇，那种对获得知识的渴望，一直在被鼓励和激发着。

所以只要我在家里，没有出差，那么周末都会给菜虫安排好各种活动。关键是要寻找到教育观念比较接近的家长，如果你觉得游戏才是孩子们最好的学习，而另外的家长觉得时间宝贵，必须留在家里刷题，那么，这两个家庭，是不可能一起出去玩的。我很庆幸自己找到了持相近教育观念的家长群体。

有了这样的家长群体的支持，我们还做过一些比较重要的策划，核心观念只有一条，就是要用家长自己的努力，来弥补体制内教育的不足，甚至，挽回那些粗暴而单一的评价标准对孩子们造成的戕害。

最近的十一长假，我们几户人家做了一次科考之旅，先去参观了新安江大坝，学习水力如何发电；接着去了浙江龙游和遂昌，在龙游游览了地下长河，考察喀斯特地貌；在遂昌参观金矿，分析矿石的组成。但因为菜虫是个文艺小青年，对这些科学的知识，兴趣不是很大，当其他孩子跟着科学控爸爸分析矿石样本的时候，他早就跑去别的地方自己找开心了。但无论如何，潜移默化下，他对世界丰富多彩的认识，总也得到了极大的拓展。这都是我乐见其成的。

作为21世纪生于70年代的家长，我觉得我们需要更新自己的知识结构，更深刻地去了解教育的奥秘。家长往往有各种焦虑，担心孩子输在起跑线上，于是随大流，周末报满各种兴趣班。一则家长自己安心，一则孩子不用管，乐得自己逍遥自在。这分明是家长对教育的一种浅见。

因为现在的教育体制，孩子们整天被关在教室里，所以他们最匮乏的是自由的游玩时间。游戏，不是玩物丧志，我们需要对其建立一种颠覆性的认识。在童年及少年时代，游戏正是培养孩子各方面能力的最好方式。换句话说，游戏正是最好的学习。有一本书，叫作《游戏力：随时随地激活孩子天性中的合作与勇气》，还有一本书，叫《童年游戏力》，讲的都是这个道理。

最近，我请成都的朋友池晓，来绍兴为菜虫等小朋友做一次“玩校”。最纯粹的游戏，能给孩子们最深沉的助力。而池晓则对游戏本身有更深刻的理解，他在答家长问里面写道：对于 12 岁以下的儿童来说，最好的学习方式无非是玩耍和阅读，通过阅读发现世界，通过玩耍认识自己。

关于电影《黄飞鸿》的研究性学习报告

8月份，从北京回来当晚，虫妈跟我窃窃私语道，菜虫跟她说，《黄飞鸿》的电影里，十三姨的衣服换了四套。

听完此语，我惊呆了，瞬间石化的感觉。这都什么孩子啊，自从看了李连杰1995年版的电影《黄飞鸿》，先是不说“Thank you”，改说“鲜扣肉”了；接着拒绝我什么事，就不说中文了，直接说“no no no”。再接着，前几天，他学李连杰拿雨伞从沙发往下跳，吓得我们赶紧跟他说，这些是电影特技，儿童不能模仿的。今天，居然告诉妈妈，十三姨换了四套服装！他都在看什么呀！

事情是这样的。6月初，暑假还没到呢，田国宝及黄杰两兄邀我暑期去佛山一行。恰好可以带菜虫去。那么，以什么吸引菜虫去佛山呢？

因为菜虫是一个主意很大的人，他才不会被我们指使呢。所以，尽管是要出去旅行，也必须是菜虫同意去的地方。比如，广州是可以去的，因为那里有长隆游乐园，还有广州之塔小蛮腰，那是摩天大楼，菜虫感兴趣，答应拨冗一行。但是佛山嘛，你看，佛山也没沙滩，也没大海，甚至连座山都没有，佛什么山啊。你要知道，夏天这个季节，在菜虫观念里，所有不去海边的旅行都是耍流氓。

好吧，那天，我费尽心思，绞尽脑汁，想要游说菜虫而不果。就在我打算放弃的时候，突然想起佛山有个黄飞鸿。我灵机一动，就说武侠名家黄飞鸿曾住在佛山，那里有黄飞鸿故居呢。“黄飞鸿？”菜虫漠然道。菜虫自然不知道黄飞鸿是谁，那是为父大学时代看的电影啊，距今二十年矣，时在菜虫出生之前十年，当时，为父也还不知道，他十年后会有一个叫菜虫虫的熊孩子。

于是，我说，我们来看个电影吧，徐克导演的，1995 年李连杰版的《黄飞鸿》。结果，闯祸了。菜虫第一次看这种打打杀杀的武侠电影，开头不愿意看，他宁可去看光头强啊。经不住我坚持，终于看了，居然一下被里面超级低级没品的笑话逗乐了。

第一个笑话是影片一开始，留洋回来的十三姨用照相机给自己的父亲和黄飞鸿拍照，闪光灯里镁粉放多了，一下子起火，如火枪喷射，说时迟那时快，黄飞鸿一脚将十三姨父亲座位踢开，可惜鸟笼里一只名贵的小鸟来不及闪避，非但浑身羽毛尽数烧光，竟瞬间烤熟。电影里有另一老者，显然惊呆了，凝视烤熟的小鸟良久，边上有人叫他“老赵”“老赵”，凡五次，该老赵竟默然不答。菜虫看到这里笑死了。事后菜虫玩游戏着迷，我也叫他“老蔡”“老蔡”，凡五次，菜虫竟默然不应。

总之，这个二十年前的片子，没品的笑料太多，我都很后悔给菜虫看了。但我也觉得奇怪，因为这个电影是我读大学的时候看的，影片历史是菜虫年纪的两倍，菜虫怎么可能喜欢看呢，难道没有代沟吗？前一段时间，周星驰的《大话西游》重上院线，为了纪念我老去的青春年华，我带菜虫和虫妈去看了。整个片子，菜虫对无厘头毫无感觉，唯一感兴趣的情节是周星驰裆部着火，所有山贼用力踩周星驰裆部，菜虫狂笑不止。

《黄飞鸿》与《大话西游》不同，是个民族主义的正剧，我的后悔多关于影片里的华洋之辨，其实我们今天更加世界主义了，这是我不愿意继续给菜虫看它的原因。但是目的倒也达到了，菜虫答应来一次广东之旅，不单单是因为长隆游乐园，还因为《黄飞鸿》的电影里有喝早茶，吃叉烧包。计赚菜虫去广东，菜虫果然去了。头一晚住在南周报社附近，菜虫便指名要喝早茶。于是一众朋友，找到一个叫“稻香”的所在，喝早茶，吃叉烧包，吃蜜汁叉烧肉。果然食在广州啊。

回家后，一长段时间内，菜虫若有空暇，便不停重看此片，少说也有个二三十遍，到最后，没一句台词不记得。只见黄飞鸿一张嘴，菜虫就背台词；只见梁宽一动作，菜虫便背台词。真令我想起《阳光灿烂的日子》里面，因为全中国那段时间只能看《列宁在 1918》等几个片子，全国人民对台词都滚瓜烂熟，只见列宁端起酒杯，全国人民都说：别喝，有毒。非但如此，菜虫还学了很多黑话，什么“你这个老不死的”，什么“吃甜糕看打架喽”。总之在菜虫迷着这个武侠片的时候，我挺崩溃的。

有时候我也挺诧异，为什么同一个电影能看这么多遍，究竟在看什么呢？有一天，菜虫突然问妈妈，洋人为什么要和中国人做生意啊？中国人和洋人之间，为什么要打架啊？我就想，这样一部没品的片子，竟然也能够让菜虫生出这样深刻的问题，总也不算是完全白看。终于，在8月中旬的这一天，我从北京回来，踏进家门时间已经不早了，菜虫正准备睡觉，虫妈忙不迭地跟我汇报，说菜虫跟她说，整部电影里十三姨的衣服换了四套。我闻此言，愕然至极，而又笑得不能自已：你看，小孩子看到的东西，真是与众不同啊。

菜虫虫的赛百味

台风到来的前一天，我在杭州，中午接到虫妈电话，说是又在吃赛百味（Subway），并且，赛百味的营业员正在围观菜虫，说，这个帅哥。

自从赛百味在绍兴开张，我们仨都不记得光顾多少次了，连店员都认为我们是最忠实的客户。全麦面包，夹一片培根或火鸡胸肉，一片芝士，少许生菜，若干其他蔬菜，最后还要加几片冰凉的酸黄瓜，ok，一顿营养均衡的午餐或者晚餐便解决了。

有时候我说我爱吃垃圾食品，其实不是开玩笑，我真的挺喜欢肯德基和麦当劳的，方便、快捷、干净、简单，也有营养。当然，你若相信肯德基的鸡有六条腿六个翅膀，你就不至于跟我一样。麦当劳，我认为它代表一种干净、轻松、现代的饮食和生活方式。就是这个意思：有时候花时间弄点大餐当然也是必要的，但我们的人生很短暂，要做的事情那么多，不能把时间都花在绞尽脑汁想吃的上面。那么，麦当劳等快餐就很合适啦。

当然，就绍兴的麦当劳而言，管理上也存在太多问题。前几年我每次去麦当劳，他们每次都会将我点的餐搞错，只是因为实在太热爱巨无霸汉堡了，所以一次次加以谅解。

因而，菜虫爱吃赛百味，以及他的其他饮食习惯，都与我们的生活观念相关。2013年我们去马来西亚，菜虫第一次吃赛百味，在满大街的不合口味的印度菜、泰国菜和马来西亚菜之间，我们发现赛百味的口感更适合我们。是以绍兴有了赛百味，虫妈就带他去尝鲜了。关键是，赛百味与肯德基、麦当劳一样，口感标准，味道也还合适，全麦面包、燕麦面包，都令人放心。

私以为，饮食观念的现代与非现代，恐怕可以有一个标尺。越现代，越倾向于简单、快捷、均衡，而不是像我老家办酒席的做派，一定要碗碟叠到三层以上，吃不下扔掉的剩菜要超过被吃掉的三倍，才显得客气、丰富、体面、有脸。关键是有脸。

菜虫挑食，但其实对饮食并不讲究。挑食我不认为是缺点，个人口味无可争辩。不讲究，倒确实是优点。只要是他愿意吃的东西，如何吃，何时吃都成，只是一天一定要吃三顿，少一顿是不行的。赛百味，算一顿，他能吃掉9英寸长的三明治。

关于讲究，孔子有食不厌精、脍不厌细之说。我倒也不是特别反对，但史学家孙隆基认为，中国人就是太讲究吃了，因此还停留在婴儿的口腔时期，也是有一定道理的。

关于菜虫的挑食，我们想过一些办法来治他，主要是讲故事。开始的时候，他不吃蔬菜，后来我们发现打游戏可以让菜虫爱上吃蔬菜，于是每天跟他打植物大战僵尸，后来凡是游戏里出现过的蔬菜，他基本上都吃了。《我绝对不吃番茄》是个好故事。读了这个绘本，他也吃番茄了。作为诸暨人，菜虫爱喝干菜

在饮食上比较开放的，是不是观念上也比较开放？在饮食上不甚讲究的，是不是就能把多出来的时间花在那些脑洞大开的事情上？

番茄汤，这是传统。

而在赛百味的汉堡里，为何一定要加几片冰凉的酸黄瓜呢？那也是因为一本书。你读过颜小鹂老师主编的“斯凯瑞金色童书”吗？菜虫两岁多时，对这套书情有独钟，每天都读，爱不释手，里面有一个故事，就跟酸黄瓜有关。每次读到“冰凉的酸黄瓜”，他就会“嗯”的一声，问：冰凉的酸黄瓜？后来有一天，我们在超市里看到了酸黄瓜罐头，我说，菜虫，你看，冰凉的酸黄瓜。菜虫决定买回去，回家打开一尝，酸酸咸咸，真不好吃，乃弃之一旁。但如今时过八年，在赛百味里，居然要吃了，真是笑死我也。

有一阵子，菜虫要吃鸡肉卷，那是因为他看了动画片《怪兽大学》。这几天我们在广州，菜虫非喝早茶不可，连喝两顿，必点叉烧包，因为他暑假里看了电影《黄飞鸿》。真是个文艺青年，生活模仿艺术呀。

但我想，在饮食上比较开放的，是不是观念上也比较开放？在饮食上不甚讲究的，是不是就能把多出来的时间花在那些脑洞大开的事情上？

事实上，我比较认同王怡多年前一篇文章的观念，饮食与宪政亦有关系。大致意思是，中式餐桌仍有专制权力和等级制度的遗留，而西式自助餐是自由的和平等的，至少，没有主次等差呀。

其实，我也挑食，虫妈说：土豆你不吃，叫洋芋你就吃；芹菜你不吃，叫西芹你就吃；花菜你不吃，叫西兰花就吃；西红柿你不吃，叫番茄你就吃；蒲瓜你不吃，叫西葫芦你就吃……

与菜虫"童鞋"谈摇滚

陪伴孩子成长，最带劲的莫过于眼睁睁看着他从小屁孩，长大成一个可以跟你对话甚至辩论的对手。当他以某一句妙语噎得你竟无言以对的时候，你可以生一小会儿闷气，但千万千万也要骄傲一下下，毕竟，孩子的理性成熟、精神成长，都是你一直期待的。噎住你，正是他成长的表现。

这一次，我被菜虫噎到，是讨论摇滚。

事情的缘起比较有意思，当然也有我的"设计"在起作用。暑假里我和朋友、著名音乐人李青老师一起，做了两期音乐主题的夏令营。回来后菜虫就变成一个对音乐有兴趣的孩子了，还想去学吉他。当然，还有个原因是他的朋友圈里都是音乐爱好者，小朋友之间的互相影响，在这个年龄段已经开始超过父母的影响了。

但说来遗憾，菜虫的音乐启蒙是从"中国新歌声"开始的。菜虫喜欢的第一个歌手叫徐歌阳，是个 19 岁的姑娘，汪峰的学员。因为菜虫喜欢，我也必须得支持徐歌阳啊。

但虫爸其实一点也瞧不上这个选秀节目，跟着菜虫一起看了几期，完全是为了有共同语言。有一期是鸟巢冲刺夜，徐歌阳唱了一首很愤怒的歌曲，歌词的内容大致是“你们要是不喜欢我的歌就请捂上耳朵”之类。我听了很倒胃口，觉得这歌莫名其妙，又有点担忧，想发一条朋友圈吐槽，内容都想好了：你跟你所反对的人其实都是一路货色。鉴于菜虫与我也互相加了微信就没发。但这个选秀节目的矫揉造作，虚张声势，令我很不舒服，这不是我所理解与欣赏的音乐。或者这么说吧，“中国新歌声”无非是大众选秀节目，是一种很精准的商业，音乐是浮夸的，其所设定的目标人群，要么是菜虫这般年纪的，要么是尽管已经成年但理性与审美还跟菜虫相似的人群。

我的担忧是，这娃，一开始的欣赏品味如此，以后可怎么办？但后来想到“我自己不也这样过来的吗”就释怀了。我知道崔健、披头士，鲍勃·迪伦，莱昂·科恩，那都是我青年时代的事啊。尤其是菜虫成长的最近六年，其实是在民谣中度过的，他四岁就熟悉《九月》，能哼哼“一个叫木头，一个叫马尾”，与周云蓬一桌吃饭，在万晓利的演唱会满场游走，8 岁左右在车里听的永远是李志、张玮玮……起点总还比较高吧。但他现在喜欢徐歌阳，无论如何，这个现实还是令我有一点点挫折感。

恰好，上海要办一个音乐节，叫作简单生活节，我看了一下到场的歌手，决定去听一天，再去感受一下现场。

我是自己开车去的，车上放的是李青老师在网易云音乐做的一期节目 CD，标题叫《给奥巴马的中国歌单》。因为有一次奥巴马在推特发了自己在听的歌单，里面没有中国歌曲，李青老师就做了这么一期节目，收有金嗓子周璇《永远的微笑》、郭兰英《我的祖国》，还有崔健、罗大佑、吴吞等，总之选择的歌曲很有代表性，跨越了半个多世纪，足以见证这个国度音乐审美的变迁。而音乐审美的变迁，也是这个国度观念的变迁。

说起这张 CD，其实很有意思，这也是我们夏令营送给每个孩子的礼物。李青老师签了名，一个个亲手交给他们。菜虫收到礼物后，就一直放在车里听，百听不厌。这次去上海，两个多小时的车程，闲极无聊，菜虫还是翻来覆去地听。到平湖休息站之前，菜虫突然说，周璇和罗大佑好听，郭兰英不好听。一瞬间，说实话，我哑然失笑，心底还生出了几分骄傲。为什么呢，因为，不管菜虫音乐审美如何，至少他有了自己的耳朵，自己的见解——应了我喜欢的乐评人李皖的书名:《听者有心》。

于是，我们开始了关于音乐的一番对话。话题是从罗大佑开始的。菜虫认为罗大佑的歌好听，我就跟他说罗大佑的确很厉害，是划时代的音乐人。菜虫忽然有点不服气，反问我：罗大佑这么厉害，为什么不去“中国新歌声”当导师？因为在菜虫心目中，“中国新歌声”是最高标尺，而新歌声的导师就是最牛的音乐人。于是我说，这是一个流行选秀节目，有的音乐人爱惜自己的羽毛，一般不会参加这类格调的节目。菜虫当然也若有所思，但仍然不服气。当然现在反思起来，我跟菜虫对话时说教的味道很浓，情不自禁地带着居高临下的中学教师口吻，很容易引起菜虫的反感。这是我活该。

话题接下去就变了。既然提到罗大佑，我就要说说罗大佑在华语乐坛的地位，并拿来跟崔健比较。还没等我展开呢，菜虫就兴奋地抢话了。

崔健是唱摇滚的。他说。

这孩子，知道崔健，还知道摇滚，我也很高兴。崔健是中国摇滚之父，我接着说。

徐歌阳也唱了摇滚，菜虫接着说。

天。我哑然失笑。徐歌阳算什么摇滚啊。

菜虫，不是说唱得很响很闹腾，就是摇滚啊。我用力地跟他说。

徐歌阳不是摇滚？为什么呢，她不是很猛烈吗？

不是说，大喊大叫就是摇滚乐啊。我连忙说。

菜虫无语。

摇滚，是一种精神，意味着反叛，是对既定价值观的一种颠覆。我说。

我又开始说教了，菜虫便不再搭话。不过，我从观后镜看，他好像又有点若有所思的样子。

这是我第一次跟菜虫正面谈论摇滚。菜虫的话令我想起大学时代美学老师对摇滚乐的定义：叮叮当当的摇滚乐。于是我换了一张 CD，是鲍勃·迪伦的。

你听，菜虫，这是鲍勃·迪伦，美国最伟大的歌手，他就是最具有摇滚精神的歌手。

菜虫听了一会儿，还是坚持换回了《给奥巴马的中国歌单》那一张。我不死心，叫菜虫在手机里自己找。你听约翰·列侬吧，Hey Jude。我说。

菜虫摆弄了一会儿手机，还是听 CD。一路无话，我们就来到简单生活节现场。菜虫看了海报，发现有吉克皓，激动地去微风舞台找吉克皓去了。好吧，《中国新歌声》影响力还真是大。

今早，菜虫起床，满肚子不高兴，各种挑三拣四，嫌早饭不好吃，嫌爸爸妈妈啰嗦，妈妈恨得牙痒痒，于是诅咒菜虫道：祝你以后有一个跟你一模一样的儿子。

在送他去上学的路上，我问，菜虫，你怎么这么多脾气，怎么都不听爸爸妈妈的话！

这不是摇滚精神吗。菜虫说。

爸爸，我是什么时候成名的？

晚上吃完饭回家，车上菜虫听“逃跑计划”，话题就从这个乐队开始了，关于谁是“夜空中最亮的星”之类。一来二去，聊到了周华健，周华健为儿子写了一首歌，可是我们不知道周华健的儿子叫什么。

菜虫问，那么，为什么周华健是名人，而他的孩子不是名人呢？

好吧，这个问题其实挺难回答的。菜虫知道窦靖童，爹是窦唯妈是王菲，都是超级巨星，女儿也是歌星。菜虫大概就认为世界的规则就是这样的，爹妈是名人，孩子必然也是名人。正如小贝和辣妹与他们著名的孩子，还有父子克鲁伊夫……

可是这个世界并不总是这样的啊。爹妈是爹妈，孩子是孩子，之间其实并没有什么必然如何的联系。那怎么办呢，我得跟菜虫说说这个理。

有时候，反而是孩子先成名，才生出来一个爸爸或者一个妈妈呢。我说。

什么？菜虫表示不理解。

你知道胡铁花是谁吗？我问。

不知道啊，菜虫说，这个名字这么娘的。

嗯，这是菜虫从他的小伙伴们那里学来的江湖语言，我理解为一种性别认同的方式，也不以为意。

可是我们知道有胡铁花，完全是因为他有一个鼎鼎大名的儿子呀，胡适。

菜虫知道胡适，会唱胡适作词的《兰花草》。

还有林长民，你知道是谁吗？

世人多知道有林徽因，却不知道她爸爸是林长民，林长民可是辛亥革命先行者啊，可他却是因为女儿而成名的。

好吧，林长民、林徽因，胡铁花、胡适，菜虫都不熟，听了一头雾水。

我就给他讲了个励志故事。

从前有个傻小子，一直喜欢写作，写过小说，从来没发表过；写过书评，一直没进入书评圈；也写过教育评论，但一直没什么人在意他。直到后来，这个傻小子家里突然多了个孩子，就是说，傻小子也做了爸爸。傻小子很喜欢这孩子，于是就写了很多这个孩子的故事，想不到很多人都很喜欢，他就接连不断地写，就成了一个有名的奶爸了。

这个傻小子是谁啊？菜虫问。

傻小子现在就在开车啊。我说。

菜虫就笑了：原来就是你呀！

那么，我是什么时候成名的呢？菜虫问。

好吧，原来你真当自己是个名人啊。我心里想。不过，我也确实一直自诩是靠儿子吃饭，菜虫这么想，当然也正常。

事实上，菜虫问起自己是不是名人的事，已经不止一次了。有一次，大概是他一年级的时候，突然问我：爸爸，我究竟是名人呢，还是普通人呢？

我当时张口结舌，因为没做好准备，不知道该怎么回答，只能反问：难道名人就不是普通人了吗？

要是现在，我已经准备好一大套道理来灌输了，灌到他七荤八素为止。

比如，日常生活才是最重要的。

比如，名人也要吃喝拉撒。

比如，名人也是忙人。

比如，名人有时候反而很不自由。

比如，还要看他成名在何处，是因为裸奔呢，还是因为特别脑残呢，还是因为别的什么而成名。也即是说，即便成名，也要看成名的质量。就像你挣钱，同样是钱，可是有的钱更值钱一点。

最重要的一个“比如”是，好多名人，他们其实比你聪明，还比你更用功。这是令人绝望的一个事实，明明天资高人不止一筹，还特别勤奋上进超你不止一筹。最要命的是，还特别懂得统筹管理，合理安排时间，分分钟都用在了刀刃上——思之令人忧伤。

对于这部分人来说，“名人”一词已经不能概括他们的生命状

其实，你一出生就成名了，在爸爸妈妈心中，从 2006 年开始，你就是夜空中最亮的星。不过，因为腼腆，这句话，我最终放在心里没说出来。

态了，他们是超人，甚至是神人。这些人确实在我身边，但我不想列出名字，以免被人误解我在谄媚，哈哈。

好了，现在，车上在放着《夜空中最亮的星》，菜虫以这个歌声为背景，问我：爸爸，我是什么时候成名的？

呃，那要看你想成为哪一类名人。我迟疑地说。

不过呢，其实，你一出生就成名了，在爸爸妈妈心中，从2006年开始，你就是夜空中最亮的星。不过，因为腼腆，这句话，我最终放在心里没说出来。

不被儿子抢白，不足以语人生

我有一个亲戚，执业律师有年，大约21世纪起头那几年，开始觉得自己是成功人士了。成功人士的标配有如下几个：首先是手腕上戴佛珠，还必须是普陀山某法师开过光的；然后是茹素；然后是开口闭口必谈国学。

更高端的是，拜一个什么瑾的某国学大师的几传弟子为师。当然，繁体字版直排的《周易》还是看不太懂的。但所加的微信群，都是谈玄论道的群。最近一次见面，则拿了几个铜钱，掷在桌上，说是会算命。不过，卦象出来，那几句爻辞我都记得，他却不记得。

亲戚有一个儿子，长得好生高大英俊有个性，初三开始便对父亲出言不逊。但凡席间聚会，父亲每说一句，儿子便加以讥刺与否定，以"切"声开头，以冷笑结束。如今儿子拿了老子的钱在美国留学，便更加睥睨一切，似乎全世界最无能的人，便是父亲——当然，钱是乃父的这一节，是不在话下的。而父亲作为成功人士顾盼自雄之间，唯独对儿子的冷嘲热讽不敢反驳一句。

席尽，我悄悄地对内人说，这是成功人士一生最大的失败。为何要席尽才说，因为他们是成功父子，而我一直以来忝列教职，仅得温饱，最近则中年下岗再就业，是众所周知的人生输家嘛。

笑话归笑话，关于父子之间的关系，还真是非常值得研究的一个课题。眼看着菜虫一天天长大，个头马上要超过我，面对我命令式的口吻，基本上已经不屑一顾，而当我开始说教，则满脸不耐烦的表情，我察言观色之余，未免心内惶恐。

关于父子之间的关系，历来便十分复杂。有个词语叫“弑父”，倒不是说真的把爹给杀了，而是一种精神上的弑父。大多数男孩女孩，总是这样，先是仰视爸爸，简直像个 superman。待到长大之后，看看父亲，无非是一个糟老头子。

张楚在《姐姐》这首歌里唱出了“弑父”的最强音：

我的爹他总在喝酒是个混球

在死之前他不会再伤心不再动拳头

他坐在楼梯上面已经苍老已不是对手

当然，据说张楚的父亲真的酗酒。我们大多数父亲，未必如歌曲所唱，无非出于文化习俗等原因，能爱之深责之切，却从不善于直接表达感情。但从儿童心理成长的角度看，“弑父”乃是人格独立的必然。小时候，父亲无所不能，最终，孩子们超越了我们这些父亲。

我的同事章师最喜欢安东尼·布朗的绘本《我爸爸》。他跑马拉松，育有一女，女儿是他马拉松的粉丝——这一点就叫做爹的沾沾自喜。

但最终我们会活成张大春那样。张大春有《聆听父亲》一书，虽说读者感谢作家同情的理解，然作为父亲，终也颇有几分感慨。人生的过程，无非就是这样的经历吧。

大概菜虫 16 个月左右的时候，我曾跟人谈起过这个担心，我们将来会不会成为孩子所厌弃的爹。那天目睹成功父子的席间对话，不由得又想起这个话题。虽然我上面语涉讥讽，还是非常佩服成功人士的涵养——大有过人之处啊。

白宇极兄在一个问答里曾经问我，理想中最好的父子关系应该是怎样的。我一下子说不上来，因为世间父子，各有各的关系，很难寻找到一个最理想的样本。但作为父亲，要被儿子“弑父”这一点，倒是需要时刻铭记在心。尤其是中国式的父子关系，因为宗法制度的遗留，父亲一般都是家庭的权威所系，这个“弑父”，其实最核心的便在于挑战你这个宗法制度遗留的威权。那么，要是从来都只是孩子的玩伴，而家庭关系从来不是威权式的，或者说，父亲从不以这个威权来维系家庭父子关系，是不是会好一点？

我有时候目睹别人的父子相处，当一言不合父亲勃然大怒的时候，我都在思考，这个大怒的原因何在。其实很多时候，不是因为父亲的意见被否定了，归根到底是因为父亲这个威权被挑战了。这种威权的结构，实在是中国传统社会根深蒂固的遗留，大的社会形态如此，小的单位权力结构也近似之。我在体制内中学里做语文教员多年，目睹过多任校长，很多时候校长的愤怒也仅仅是因为他的权威被挑战了。班级管理也是如此，班主任一言不合给你穿小鞋，无非是因为你不尊重班主任这个权威嘛。

侄儿豆豆给我讲过他的一任班主任的故事，因为豆豆直视了班主任一眼，便遭来班主任高八度声音的弹压。我笑着跟他描述了“为什么不能直视班主任的眼睛”的原因。因为在这个县中里，秩序的维持是依靠自上而下的权力授予的，班主任是最基层的权力。“直视班主任的眼睛”，就是忤逆，这怎么可以呢？要是你在第一步忤逆的时候不弹压，日后就会爬到老师头上来嗯嗯嘛——权力的神逻辑就是这样的。

所以，在这样一个具有严重宗法关系遗留的社会，父子关系自然与你的家庭关系相适配。如果单单是因为这样，那么，父权被挑战乃至被颠覆，也无所谓，甚至这是家庭革命。

不过呢，即便这个家庭不是以这种权威的方式所维系的，孩子仍然要成长，他仍然要溢出父亲所掌控的边界。这也是当父亲必然要面对的一个事实。所以我常以纪伯伦的《论孩子》自我暗示，父母是弓，而孩子是箭，他从你而来，却不属于你，他终有一天要远离。

在很多次演讲中，我都问过听众，爱的反面是什么。多数家长会回答，是恨。我不以为然。因为爱与恨，属于同一种情感，无非是硬币的两面。我说，爱的反面是控制。有控制有依附，没有自由，而爱是生命的自由状态。

好吧，话说有一日，菜虫跟几位朋友约好去体育馆游泳，结果几位小朋友都因故不能去了，菜虫较为沮丧。我便建议我跟他去游，去镜湖的游泳馆，那边有人造的冲浪水池玩。菜虫各种不情愿，设想了种种令人失望的场景。于是我开始说教：

菜虫，假如你手里有一把葡萄，你是先吃好的那颗呢，还是先吃坏的那颗？

当然先吃好的喽。菜虫不假思索。

我自以为得计，还没等菜虫说完，就继续说教，要将这碗鸡汤喝光：

你看你看，爸爸就不一样，爸爸是从最坏的那颗开始吃的，这样，每一颗都比前一颗要好，人生就走上坡路，越来越好……

可是，菜虫打断我，坏的我根本不吃的呀，我早就扔了……

第3章

你有权一生虚度光阴

菜菩头议事规则

菜菩头，越地方言，就是菜根。菜菩头议事规则，则相当于“菜根谭”。

虫爸年轻时，少不更事，很多空想，像肥皂泡，如露亦如电，于是常被弄得不尴不尬的狼狈。有一位大姐头，长我多岁，气场很大，对我的天真爱恨交加，哀其不幸怒其不争，多次伸出纤纤玉指直指我额：菜菩头，侬怎么这么呆的啊！此处“呆”字，当念“nian”，阳平。

如今菜菩头家的小菜虫也快读三年级了，此虫亦甚呆。时值盛夏，尤爱喝干菜番茄丝瓜汤，清凉解暑，晚餐无此汤不欢，谓之小菜菩头可也。

一日，菜虫放学，乃跟我细述一天校园见闻，眉飞色舞，绘声绘色。

爸爸，菜虫说，今天兴趣班来了一个外国老师，他跟我们做游戏，赢了的人可以获得奖品，一个小黄人，就是《神偷奶爸》里的小黄人，一共有三个，赢了的人才有，未未就哭了。

断断续续地，我听懂了菜虫的描述。事情是这样的：今天兴趣班，学校请了一个外教老师，跟孩子们玩一个竞技游戏，只有三个获奖者，奖品是小黄人，而兴趣班一共有 17 人，是以多数人没拿到奖。菜虫在竞技性的游戏中，从来占不到便宜，自然对小黄人没有奢望。而未未同学平时争强好胜，此番游戏，小黄人竟然被别人赢去，气恼之下，急火攻心，就大哭并发飙了。

晚饭的时候，菜虫又在饭桌上说了这件事，说给虫妈听。我说，菜虫，这件事我们可以来讨论一下，要是你，你会怎么做，你可以怎么做。

须臾吃完，收拾好餐桌，我拿起手机开始玩，把这件事忘了。菜虫叫起来：爸爸，妈妈，你们坐过来，我们召开一次家庭会议。

呦嗬，我心里有点惊奇：这小子，居然召集家庭会议。这是他第一次召集家庭会议，那总得给点面子啊，于是我和虫妈坐到了菜虫边上。

那我们来讨论一下这件事吧。菜虫煞有介事。

这是一个游戏，对不对？我先问菜虫。

对呀，很好玩的游戏。菜虫说。

那么，老师有没有事先说好游戏规则，比如怎么算赢，怎么发奖品？

说过的。

那么，大家事先都同意的喽？

同意的啊。

那你觉得未未该不该发脾气？

可是未未很想要小黄人啊。

那你不也很喜欢小黄人啊？

可能未未比我更喜欢小黄人吧。

那赢得小黄人的同学，有没有安慰未未，把小黄人送给未未呢？

没有。

要是你赢了小黄人，你会因为未未发脾气，而把小黄人送给他吗？

嗯，菜虫想了想，我也不会给他的，因为我也喜欢。

嗯，这是对的，你当然没有义务把小黄人给他，因为这是按照规则你赢得的，属于你该得的。不过呢，你不是跟未未是好朋友吗，如果你得到了，也许你可以送给他，未未就不会发脾气了。

反正我没赢到。菜虫言下之意，连虚拟的都不肯给。

但是，即便未未很想要，也需要尊重规则啊，游戏规则是大家都同意的呀。我说。

是呀，说话要算数。菜虫草草结束了这次家庭会议。

自此之后，菜虫就喜欢召开家庭会议。周末跟几个小朋友约了去上海科技馆，妈妈有点累不想去，菜虫召集家庭会议，举手表决，少数服从多数，我举了手，菜虫也举了手，妈妈就不得不一起去上海科技馆了——这是多数人的暴政吗？

最近的一次家庭会议，是关于暑假去玩的议题。菜虫喜欢大海，喜欢沙子，暑假总要去一下海边，于是逐一提议，逐一商议。我与虫妈建议 7 月份去成都，因为我要去成都公干。菜虫看了地图，发现成都没有大海，坚决不去。我说成都小吃，很好吃的，菜虫无动于衷；我说成都有杜甫草堂，你背的诗歌都是杜甫写的，菜虫无动于衷。最后我使出绝招，我说成都有三星堆，是外星人造的。听到这话，菜虫才略有兴趣：呃，外星人？

不过呢，家庭会议未决，第二天继续开。这个时候F叔叔在QQ群里说，有人要去长滩吗？我念了出来：陈叔叔个呆子在问谁有兴趣去长滩。

长滩在哪里？菜虫问。

哦，在菲律宾。我说。

那里有大海吗？

长滩就是一个岛啊，据说有世界上最美的沙滩。

我们去长滩，我们去长滩。菜虫欢呼雀跃。

那可是国外，要很多钱的。

你不是有钱吗？菜虫说。

再说吧，我跟妈妈商量一下。我推诿道。这次，轮到我想草草结束家庭会议了。

为什么要跟孩子们谈钱

我曾在杭州少儿图书馆给孩子们讲过一次课，讲的内容是“金钱的秘密”。

我的观念是，成年人可以跟孩子谈任何问题，关键是以什么样的方式去谈。自然，成年人也可以跟孩子们谈钱，尤其是在现代社会、自由市场的时代，金钱是一个不可回避、甚至非常重要的问题。谈钱，谈钱的起源与发展，谈如何用劳动或者创意赚钱，如何管理自己账户里的钱，既是有趣的话题，也可以让孩子更好地认清金钱的本质，理解工作与金钱的关系，从而更好地认识金钱在我们生活中的位置。这是一种“理性经济人”的启蒙。

亚当·斯密最早在《国富论》里提出“理性经济人”这个概念，意思是说，作为经济决策的主体都是充满理性的，即，所追求的目标都是使自己的利益最大化。亚当·斯密说：“如此一来，他就好像被一只无形之手引领，在不自觉中对社会的改进尽力而为。在一般的情形下，一个人为求私利而无心对社会做出贡献，其对社会的贡献远比有意图做出的大。”也即是说，在经济学的观念里，我们只要合理合法追求经济利益的最大化，客观上就会对社会做出巨大的贡献。

谈钱，对传统中国人来说，是一件羞于启齿的事，因为中国人一向清高，“万般皆下品，唯有读书高”，谈钱就俗了。但是，近几十年来，对金钱的欲望却被大大地释放出来，甚至流为一种唯利是图的拜金主义。我们赚钱是为了更好地生活，若不梳理好与金钱的关系，建立起一种理性的认知，很有可能沦为金钱的奴隶。在一个金钱观成熟的人那里，钱只是一种衡量事业成功与否的标志，或者是一种实现理想的手段。就像我在小书《为什么不能把所有东西买回家》里写的:“对于这些创业者来说，重要的也不仅仅是赚钱，而是做事业，是实现自身价值，是做一些对人类历史的进步有意义与价值的事情，超越那些我们可能突破的边际。对于这些互联网界的青年人来说，创新带来的那种智慧上的愉悦感，那种人类自由创造带来的成就感，也许超过任何物质上的满足。这或许就是人类自由精神的可贵之处。”

跟孩子们一起在课上谈钱的时候，我带了很多古钱币，这些古钱币是我的朋友 F520 收藏的，就是我书里曾经写到的陈叔叔。古钱币直观形象，有助于孩子们加深对钱的认知，还可以从中梳理中国历史，看我们的先人是如何筚路蓝缕开启文明的。

我带的第一种古钱币是贝币。这些贝币其实不产于中国沿海，而是产于印度洋。由此我们知道，在夏商之间，贝币作为中国人交易的一般等价物，其原产地却不在中国。这些贝币在中国出土很多，现在市场价也就 30 元一枚左右，但我们据此可知，汉字构造里为何几乎所有“贝”字旁的汉字都跟财物有关。

我带去的第二类古钱币是战国时期的铲形币、刀形币以及蚁鼻钱。铲形币是战国时赵国的货币，一般材质是青铜，完整的铲形币现在最高市价可达5000元，小型的略带残损的出土较多，几百元即可买到。刀形币是齐国的货币，出土较多，300元即可买到一枚。楚国的蚁鼻钱，因为样子像鬼脸，所以也叫鬼脸钱，比较常见，现在大概100元就能买到一枚。战国时期各国都可以制币，秦统一中国后才统一度量衡，也统一了货币。秦国货币的造型为外圆内方的铜币形式，从而奠定了中国古代铜钱的基本模样。古代读书人称钱为“孔方兄”，就是这么来的。

银元宝是近古才有的。银是稀缺金属，中国的出产不多，大多数都是靠贸易交换来的。元宝的名称大概元明时代才出现，当时是很值钱的。我们看《水浒传》里的英雄，到一个酒馆就排出一锭大银，开始喝酒吃肉，其实这是很土豪的做派，当时最常见的钱币还是铜钱。根据专业人士的研究，以现在的人民币物价为标准，大概是这样的：唐朝早期一两银子，约值4130元人民币，晚唐时约值2065元人民币，而明中叶则为660.8元人民币，清朝中期约只剩下250元人民币左右的价值。我带去的银元宝应是清代私铸的银锭，重二两左右，有些破损，现在可值1000元左右。

此外我还带了很多铜币，从唐代的开元通宝，到晚清道光年间的制钱，后来由于时间关系，就没有一一展示给孩子们看。

社会启蒙这个说法，自然也包括经济学的初步启蒙。懂得理财，从而走向财务自由，也需要自小开始教育。财务自由是个体自由的基本前提。不过，我虽然有这些认识，但在与菜虫一起花

在现代社会、自由市场的时代，金钱是一个不可回避、甚至非常重要的问题。谈钱，谈钱的起源与发展，谈如何用劳动或者创意赚钱，如何管理自己账户里的钱，既是有趣的话题，也可以让孩子更好地认清金钱的本质，理解工作与金钱的关系，从而更好地认识金钱在我们生活中的位置。

钱的时候，还是没能让菜虫认识到钱有多难赚。前天晚上去超市，一不注意菜虫就取了一大盒礼盒装的费列罗巧克力，我结账的时候看着数字不由得内心一抖啊。曾有一段时间让菜虫下楼倒垃圾，每倒一次两块钱。后来外婆来了，外婆跟菜虫说，我帮你倒，然后我再给你四块钱。于是这个靠劳动赚钱的练习就破产了。

在我的视野里，国内原创的写给孩子们看的这一类书不多，质量也良莠不齐。我最喜欢的是德国的舍费尔写的《小狗钱钱》。这本书的文字版比较适合能独立阅读的孩子，一般的孩子三四年级也可以读了。

一二年级的小朋友可以读一套图文并茂的书，叫《妈妈，钱是什么》。这同样是一套引进的外国书，一共六本，视野开阔，讲的内容也很有趣，解释了很多孩子们迫切面临的问题。比如“贫穷”和“富有”，其实只是相对的概念，并不直接取决于钱多钱少，而是取决于人对生活的基本态度。

《写给孩子的哲学启蒙书》是我非常喜欢的一套书，由法国人碧姬·拉贝和米歇尔·毕奇撰写，书中涉及各种哲学问题以及经济学的基本原理，以孩子能接受的方式来谈论，成年人读了也会有所会心。

中国人原创的跟孩子们谈经济学的书，我看到的不多，不过其中陈志武的《二十四堂财富课》很有意思。陈志武作为世界顶尖的华人经济学家，跟自己的女儿谈财富问题，深入浅出，对我写《为什么不能把所有东西买回家》很有启发。另外，由美国人罗伯特·弗兰克所著的《牛奶可乐经济学》也很有意思，读者会发现，细节之中，有无限的趣味在焉。

如何与菜虫谈论香港

2014 年 12 月中旬，我趁便带菜虫去了次香港。

圣诞节快到了，迪斯尼乐园应该气氛很浓郁吧，又非圣诞节正日，排队等游戏恐怕也不会耗时太久。尤其是，我们会从深圳出关，之后再从深圳回来，并不贵。与菜虫商定后，我翻看菜虫的语文书，发现他们刚好学了一篇有关香港的课文，大概是《香港，璀璨的明珠》。这就更好了，这个年龄，行万里路，比读万卷书更有用。于是晚上就跟菜虫一起查谷歌地图，看香港在哪里，讨论飞机如何按照既定航线飞。其实，这是菜虫第二次去香港，但第一次去，菜虫才六岁，我们去了海洋公园，但是他记忆并不深，只记得吃了好多车厘子，还在海洋公园门口拍了一张一家三口的照片。菜虫有一次抱怨，说家里怎么没有全家福啊，我指着这张菜虫斜着眼睛的照片说，瞧，这不是。

周六一早过关，从罗湖走，尽管之前已经跟菜虫交代过出关会排很长的队，但面对漫长的人流，菜虫还是很不耐烦，不断抱怨。一些些疑问就在这个时候暴露出来，之后两天内菜虫的一些观念，尤其令我惶惑。

我们三人是内地居民，虽各手执一本港澳通行证，但还是得组团，朋友云兄之前帮我们组好了，到罗湖找导游即可。但是，天哪，罗湖出关的人流太漫长了。我们站在队伍中，拖着拉杆箱，以各种姿势站立着等，至少超过一个半小时。菜虫大概平均三分钟问一次，怎么还不到啊。我亦无可奈何，报以枯燥的自己也不能相信的“快了快了”“中国人多啊”之类。

一个半小时恐怕还不止，终于轮到我们，一一签过，过桥，对面即是香港了。但在香港进关时，又要排队了。这次大概排了半个小时。于是，菜虫的第一个问题就来了。

起先是我无聊，指着柱子上的繁体字问菜虫，这些字认识吗？菜虫不想玩认字的游戏，不以为然地跟我说：繁体字啊，反正是繁体字。这个一则是因为我跟他讲过几个好玩的甲骨文，一则是因为他跟一个老师在学书法，写的“春眠不覺曉”都是繁体。认字无聊，菜虫就说：咦，难道香港是外国吗，为什么进关还要签？菜虫有去过马来西亚的经验，进关要排队签证。

其实，我挺佩服菜虫的观察思考的。对呀，课本里不是说香港是中国的吗，为什么还要过关签证呢？难道香港是外国？这是我出发前所没有想到的问题。我该怎么回答？

“嗯，香港是一个特别行政区，它主权属于中国，但是制度上实行一国两制。”我支支吾吾地说。菜虫斜着眼睛看我，表示不满意这个回答。幸好只排了没多久，就过关了。立刻去坐地铁，一路无话。菜虫没有继续追问什么是主权，什么是一国两制。他要真追着问，我又该如何回答呢？

香港地铁上不能吃东西，也不能大喊大叫。我出发前跟菜虫叮嘱过。菜虫2011年去南京，因为地铁没座位，发了一次飙，大喊我要把南京人都杀掉。路人侧目，我与虫妈汗颜之极。还好本次旅行的终点是迪斯尼乐园，菜虫总有奔头。

但时间一长，问题又来了。菜虫问：为什么香港人写繁体字，不写简体字呢，难道他们是古人？

这个嘛，你知道吗，菜虫，我们内地用的简体字，是1949年之后才逐渐推广的，而1949年到1997年，香港都是英国管的，英国女王派一个总督来管理。

英国总督？菜虫眼睛亮晶晶地盯着我。

我摸了摸口袋，还有一个旧版的港币硬币，上面有英国女王头像。瞧，就是她，英国女王。

菜虫捏着硬币，翻来翻去看了好久。我不知道他脑子里在想什么。

中途换地铁，我们拉着很大的拉杆箱，打算从直行电梯走。于是问题又来了。

菜虫指着“升降机”三个字问：咦，爸爸，他们怎么叫升降机啊？

这个嘛，这是因为，我们内地跟香港的翻译方式不一样啊。

那我们不是叫电梯吗，他们为什么不跟我们一样叫电梯？菜虫问。

我听出来，似乎他的语气里有点不开心。我猜测，这是因为他们之前上过课文，该课文强调香港是中国的，既然是中国的，为什么不能书同文、车同轨？

香港其实比我们内地先有电梯，我说，香港是一个自由港，很早就是金融中心了，是很发达的，香港有升降机的时候，我们内地还没见过电梯呢。

是呀，香港早就很发达了。妈妈补充道，我们以前有个香港亲戚，我们小时候他回内地会把旧衣服带回来，我们还觉得很好呢。

啊？菜虫大吃一惊。旧衣服！菜虫觉得不可思议，怎么连旧衣服都要。

在便利店买了巧克力、糖果、饮料之类，又换地铁，总算要到迪斯尼乐园了，一路无话。但最大的一次抱怨，却发生在迪斯尼乐园里。

因为是周六，迪斯尼里人还是很多的，几乎每一个项目都要排队，我们一个一个玩过去，每次都是排队时间远远长于游戏时间。菜虫已经颇有抱怨了。

在“探险世界”排队的时候，队伍分为三列，工作人员有说明，开船的讲解员操三种语言，英语、粤语和普通话，需要游客自行选择队伍排列。我们当然选了普通话。工作人员说，每条船之间的等候时间，大概是 10 到 15 分钟。

一条船过来了，是说英语的，一队外国游客上去了，没轮到我们。又一条船过来了，是说粤语的，一队当地游客上去了，没轮到我们。又一条船过来了，还是说粤语的，还没轮到我们。

菜虫大怒：为什么香港人说香港话，不说普通话呢？菜虫显然有些生气生大了。

我与虫妈碍于不能丢了内地游客的脸，只好轻声抚慰。菜虫怒火不止，为啥还不轮到我们。给薯片不要，给巧克力不要，在那里一个劲儿地生气。

咳，这孩子，问题问得还真尖锐。但是这个时候，我也有些情绪失控了，因为我也等得累死了。我恶狠狠地说："你们普通话推广的时候，香港是不在内的。你们1949年之后才开始推广普通话，人家香港还在英国女王治下呢。你们普通话有什么了不起，粤语，也就是香港话，在历史上，也做过官话的，有什么了不起。1997年香港才回归，才开始慢慢学习普通话，他们的官方语言里，粤语也是很重要的。"

官话？菜虫显然呆住了，他听到了一个陌生的词。

就是古代的普通话。我说。

那他们小朋友说什么话呢？菜虫问。

爸爸妈妈说什么话，小朋友就说什么话，妈妈从小跟孩子说的话，就叫母语。我说。

幸好此时普通话船来了，我们上船，乃开始探险。

晚上九点钟，我们坐车回宾馆。回去的路上，菜虫已经不生气了。他吃了维尼熊的面包，买了钢铁侠的面具，坐了有生以来坐过的最大的旋转木马，看了绚丽夺目的花车游街，还期待着去住一个全是米奇老鼠造型的酒店，原先排队时的郁闷，已经一扫而空。

2011年，菜虫第一次去香港时才六岁，什么问题都没有。今番九岁，乃问题一箩筐。我因为没想到菜虫会发现这么多文化差异，根本没做功课，是以在菜虫追问时，往往进退失据，最后只好以家长作风耍赖了事。

但令我与虫妈欣慰的是，尽管我们时常被菜虫追问得狼狈，不能提供给他确定的答案，但菜虫发现问题、提出问题本身，就是最大的收获——他已经开始独立思考了。

当道德说教遭遇无厘头

放学路上，菜虫总会一路跟我描述一天里学校发生的趣事，边说边笑。这一天，菜虫说：李秀木说，要一枪把那个小男孩电死，然后全班同学都笑死了。我听不懂，就追问，怎么回事啊？菜虫描述道：课文里有个小男孩，叫小兵，他爸爸生病了，他很想买一个玩具，但是没买，要省下钱给爸爸看病，老师问，要是你，你会怎么办，李秀木站起来回答说，我一枪把他电死。

我听明白了。课文我很熟悉，就是人教版小学语文教材第四册中的《玩具柜台前的孩子》，我曾写过《必得用一种好的方式告诉孩子一个真实的故事》一文批评这篇文章。现在，就在今天，菜虫学到这篇课文了。对于菜虫如何看待这篇课文，如何看待小兵这个人，我确实很关心，但李秀木这个无厘头的回答，还真出乎我的意料。

关于语文教材，我一直引以为忧。2008 年，我们指出小学语文教材有“四大缺失”，其中两个是儿童的缺失和快乐的缺失。很显然，《玩具柜台前的孩子》一文同时存在这两大缺失。所谓儿童的缺失，并非指缺少以儿童为主角的故事，而是指在故事中儿童视角或者儿童本位的缺失。本文中，小兵的表现完全不像孩子，而是作者将成人思维方式强加到了孩子身上，呈现的是一个懂事而不快乐的儿童。这是道德说教意图非常明显的课文。

事实上，不仅仅是这篇课文如此。人教版小学教材中，凡以母亲或母爱为主题的文章，几乎每一篇我都仔细读过，发现存在的问题很多。比如随意篡改经典，不尊重原作;比如语言呆板，缺乏灵性；比如常识性与科学性错谬比比皆是，等等。无怪乎家长要忧心忡忡了。之所以前几年民国小学教材大卖，恐怕也与家长对当下小学教材不满有关。今年热卖的一种叫《澄衷蒙学堂字课图说》，是清末民初启蒙读物的发轫之作，据说胡适就是读着它长大的。这些教材与当下的小学教材放在一起观察，也令人颇为感慨。小学教材之所以重要，就是因为一定程度上，它奠定了一个民族的文化底线。就此而言，我们无论多么重视小学教材，都不过分。

不过呢，因为我一向重视与菜虫的亲子共读，所以对教材的担忧也并不算严重。因为我知道，人的大脑就是一个比特之海，容量无限。只要我们给孩子读更多的优秀读物，自然会把那些不好的课文稀释掉，最终的影响趋近于无。基于这种认知，以及亲子共读所带来的快乐，我不断给菜虫读书。每晚的共读时间，成为一家人最幸福的时光之一。而讲述过的故事，都会一一在菜虫心里留下印迹，在日后的某一瞬间突然复活。

我用这样温和的方式来消解课文的灌输。但是《玩具柜台前的孩子》一课中的道德说教，被孩子们自己以这样一种无厘头的方式解构，还真是我没有想到的。“一枪把他电死”，这其实是孩子们看过的一个国产动画片里的情节。下课的时候，他们总在玩这个游戏，一人举枪射击，一人操起盾牌防御，同时口中念念有词。当然，都是虚拟的，但孩子们乐此不疲。结果，李秀木同学把这个情节照搬到课堂了。他一言既出，众皆大笑，原本悲情的课文一下子被笑场了。菜虫说，王小楠同学后来也被点名站起来发言，王小楠是一个乖巧可爱的好学生，以前都能回答到老师满意。不过这次王小楠回答说，小兵之所以不买玩具，是因为他爸爸也想要这个玩具。同学们再次哄堂大笑。

所以我想，有时候，我们的担忧也可能是一种过虑。因为孩子们已经有了一个他们自己的世界，以自己的逻辑运行着。成年人多数时候想要灌输的东西，如果不理解孩子们的接受心理，其成功的可能性也是很微弱的。

如何帮孩子建立时间的自我管理能力

这是微博问答里一位朋友的问题。其实菜虫的时间管理也不是特别好，只是我们有这么一种观念和意识，想要去培养他这方面的能力而已。

所以做父母，其实是要有准备的，至少准备好你的世界观。你的世界观是你的育儿观的基础。我们看到每一个孩子的背后，都站立着各具形态的父母。我们这些熊父母的日常言行，都在不知不觉中影响着孩子。家庭教育最重要的其实是这些不言而化的地方。有了这个认知，我们就算是进了育儿的观念之门了。

关于菜虫，我们对于他的观念的影响，基本上是一以贯之的。从他是个小婴儿，到现在变成小学高年级的孩子，我们一直想让他成为一个自有主见的人。从他能跟我们一起出去玩开始，我们就会跟他一起规划出行计划。比如，周末这一天，分别去玩什么，上午怎么玩，下午怎么玩，爸爸有点私事处理，你愿不愿给爸爸这个时间，等等。一旦商量规划好了，我们就按照这个时间表去完成。我们会特别尊重孩子的意见，让他知道，他说的话，他的要求，是有效果的，爸爸妈妈会跟他一起去做。因为父母言出必践，孩子答应我们的事情，也会尽量去完成，也会成为一个言出必践的孩子。所以，菜虫在答应爸爸妈妈的一些要求前，都是很慎重的。他轻易不答应，而是会考虑爸爸妈妈的要求是否艰难，如果艰难，他会选择不答应。我们也没辙。

后来就读一年级了，整个一年级我做得最棒的两件事情，一件是每天陪他做家庭作业，陪一个小时。请记住，是陪他，不是监督他，指责他。因为对于一年级的小朋友来说，他刚开始进入一个新的环境，整个世界的秩序都被重建了，跟幼儿园时期完全不一样。在学校里，那些规章制度需要他单独去面对，回家呢，则可以由我们父母陪伴和协助。比如做家庭作业，这是一件他从来没有遇到过的难事，是一个史无前例的难关。对一年级孩子来说，写字真的很难。这是由生理发育的程度决定的。因为手部的神经系统还没发育成熟，而写字是个精细活，别提多难了。这时，你在他的身边，你的作用就是陪他渡过这个难关，并且帮助他，而不是一味地监督、指责他。这一点特别重要，一定要分清其中的区别。当然，我们父母也是凡夫俗子，也有情绪难免失控的时候。必须承认，我也失控过。后来，当我感到情绪要开始失控的时候，就赶紧换人。有我们温和的陪伴，孩子始终会是安心的，也不会对做作业这件艰难的事情产生太过强烈的对立情绪。

这样，二年级之后，菜虫就可以自己做作业了。当然，后来也发生过一些情况，但都属于小波澜。

第二件事呢，菜虫一年级时，我们共读了一套韩国人的书。韩国小朋友遭遇到的应试压力跟我们中国人差不多，所以菜虫很喜欢读，因为讲的就像是自己的事情。其中有一本《学习也可以很快乐》里有一个“冰激凌法则”，大意是，吃冰激凌的时候，要先吃冰激凌球，因为这个是会化掉的，然后再吃蛋筒。这个法则让菜虫很受益，他突然就明白了，眼前可能有一堆的事情，但这些事情是有轻重缓急的，那么我们在选择做什么的时候，就应该有一个先后次序。并且，小朋友还能在日常生活中迁移这个能力，慢慢就能够规划自己的时间了。

这套书里还有一个制定时间计划表的细节。菜虫读了之后，有一段时间就热衷于制定计划表。第一次，他制定了一个周日一整天的计划，但这个计划表太精密了：规定了几点起床、几点刷牙、几点吃早饭、几点做作业、几点出去玩，时间精确到分钟。结果第二天一开始就违反了，根本没法完成。菜虫很生气，几乎要发飙，为自己完不成计划而恼怒。我劝他：第一，计划本来就是可以被违反的；第二，你可以重新做一个，时间要求不要这么严格，有一个大致的框架就好了。这样，他重新制定了一个宽松版计划表，果然能做到了。现在，他甚至能为自己的整个寒暑假做一份规划了，而一旦规划成立，我们也一定帮他去完成。

我们成人都知道，时间宝贵，浪费可惜，恨不得让孩子分分秒秒都利用起来。这样其实并不好，会让孩子的神经太过紧绷。有人提出一个词“慢养”，还是有点意思的。我的理解是，一定要保障孩子游戏的时间、发呆的时间、无所事事的时间，因为这些时间看似虚度了，其实不然，这是孩子非常重要的时间段。我特别赞赏爱尔兰绘本作家霍顿的一句话：梦想家永不嫌小，而梦想绝不嫌大。孩子发呆的时候，就是他在展开梦想的时候，别用那些有用的知识去侵占他的梦想。

就这样，日常生活过得从容一点，游刃有余一点，不要逼着孩子把每一分每一秒都利用起来，好像他在发呆就是浪费生命一样。你可以尝试建立这样一种家庭环境，给孩子一个从容成长的空间，孩子自然会给你惊喜。时间管理能力其实是一根魔法棒，你拥有它，就能实现一些奇迹。

最后，你要信任你的孩子。只有你信任的孩子，才会成为真正值得你信任的孩子。

至于菜虫，其实还是一个小屁孩，我只是这样一点点有意识地跟他一起管理时间。遗憾的是，爸爸本人其实是一个重度拖延症患者。另外，我写了，并不代表菜虫已经做到了。其实，菜虫最喜欢的，还是一个人发呆。他是个很有特点的孩子，也是一个缺点很明显的孩子。我经常这样想：没有一个孩子是完美的，但确实每一个孩子都是独特的，父母之爱，就是完全接纳。

菜虫，你有权一生虚度光阴

学书法是菜虫自己的主意。大概因为班级里有个同学在学，并且向他炫耀可以写春联，于是此虫也强烈要求。加上那一年他刚好读了《最美最美的中国故事书》，了解了传统中国年的过法，他要求学书法的决心，也就更强烈了。我给他买了文房四宝，红色宣纸，蓬头稚子还没学书呢，先写下了几个斗大的墨宝，上联：普天同庆；下联：大地回春。字体亦正亦邪，颇近于癫狂的文明。命我曰：爸爸，贴大门上。于是贴大门，展览年把，直到秋风冬雨，零落在地。

不过呢，书法是要每天练习的，菜虫虽拜了师，但并不在家勤练，我也随他，无非也看作一种玩。

当然有人会问，学书法有什么用。我们总是被这样问。比如，学英语是有用的，学游泳是有用的。而书法，尤其是毛笔书法，你看，我们都到智能手机时代了，书写都要被智能输入替代了……人们总是要问一句有用没用，更关心实际效用，何种代价，有何所得等等，有比较具体的效果才好。尤其对于课外培训班，交了2000块学费，就要有2000块的所得，好比在淘宝扫

有一种人生的选项，就是做一个完全无益于世道人心的人，完全无益于人类文明进步的人，你只需要游手好闲，虚度时光。如果你选择安静地写字，不是为了说明写字有多么牛，而是你完全可以浪费自己的生命，你完全有权利，去做毫无意义的事情。这是你的第一权利。

货，或者超市购物。

奈何这次，菜虫的老爸，是一个文艺老爸。

学书法有什么用？这其实也考验我，但我总是认为，艺术啊，游戏啊，就是没有用的，如果一定要有用，那学书法确实不如学杀猪——后者确实也是一种技能。

当然人是有价值感的，文艺老爸此前半辈子最大的痛苦就在于这个价值感。有时夜深，文艺老爸会自我追问，为什么，究竟这个价值感来自何方。你不停地寻觅，你难以将息，坐卧不宁，你究竟是为什么。关键在于，你为什么不能像别人一样，吃饱了，穿暖了，你有帅哥菜虫，还折腾个啥。这就是我们一直追问而又百思不得其解的问题。

就是，为什么不能简单。把自己简化了，变成单细胞，应激生物。

为什么，偏偏你痛苦，你的痛苦与时俱进，随着年岁的增加，变得更加丰富。

很多个夜晚，我在家人睡着之后，一个人在书房，不读书也不写作，就是面对着电脑屏幕发呆。我感受到巨大的挫败感，非常清晰地在我体内，什么也不能安慰。这种挫败感，与你的骄傲成正比，你有多骄傲，你就有多挫败。你有多少虚名，你就有多少不堪。还有一句，就是，你有多努力，就有多自卑。

但这只是文艺老爸个人，文艺老爸这样子，跟他从小自我教育和自我阅读有关。

亲爱的儿子，老爸告诉你，老爸不知道自己身上的使命感来自何方，依稀可以追溯到以前所受的教育。有一个国家意志，要我们学好本领，报效祖国。于是时至今日，老爸虽然警惕于国家这样的大词，但始终无法原谅自己的不负责任。因为害怕自己不负责任，于是一直拒斥责任本身，大概嬉皮士就是这样来的吧。因为不喜欢承担被赋予的任务，而将任务当作负担，甚而至于要去否认任务自身。

现在我认识到，这仅仅是因为，这个责任是被赋予的。

但是，菜虫，老爸可不希望你跟老爸一样，成为一个颠三倒四的文艺青年。

以前读王朔，王朔说，我爹要是知道我成了一个写小说的，非打死我不可。当时觉得搞笑，现在成了父亲，倒真觉得有十分的歪理。你自然有权成为任何你想成为的人，但老爸的私心，唯一不愿意的，就是你成为文艺男。这是因为，你一哲学，一文学，你的痛苦就随之而来。以前我常说，人生识字忧患始。这是真的。在人类还没有进入文明之前，无非野蛮人，痛苦什么的，于我何有哉。人类一旦进入文明，痛苦随之而来。知我者谓我心忧，不知我者谓我何求，悠悠苍天，此何人哉？

对于个体，何尝不是如此。我多么想菜虫永远处于童蒙之中，我当然也知道这是不可能的。迟早有一天，亲爱的儿子，你会长大，你可能也会经历如你文艺老爸一样的痛苦，亲爱的菜虫，这真是我最大的担忧之一。

菜虫，今天我要明确地告诉你，你有权拒绝那些被赋予的责任，你有权一生虚度年华，只要你自己愿意。而书法呀，电影呀，诸如此类的艺术，就是为了我们虚度年华而准备的。有一种人生的选项，就是做一个完全无益于世道人心的人，完全无益于人类文明进步的人，你只需要游手好闲，虚度时光。如果你选择安静地写字，不是为了说明写字有多么牛，而是你完全可以浪费自己的生命，你完全有权利，去做毫无意义的事情。这是你的第一权利。

当然，也还有一种可能，也许终于有一天，因为不断的自我追寻，你发现自己原来也领受着天命。这才是你自己的天命。可是，一个人领受天命，既是一件幸运的事情，也是一件悲惨的事情。幸运的是，你将会找到自己的人生；悲惨在于，这样，你恐怕就再也不能让自己荒废时光了。所以，最好的结果就是，你欣然发现，一生的使命就是虚度时光。

但既然老爸选择了生养你，老爸就要为你担负老爸的责任，这个责任之一就是，我要明确告诉你，你不必活在虚妄的责任感里，你不需要出人头地，不需要平步青云，不需要宝马轻裘，你有权一事无成。

至于之后的人生选项，全在于你自己，你只需守护你的消极自由，世间万事，由它去罢。

与菜虫“童鞋”谈早恋

某天放学回家，做作业前菜虫照例在家里找零食吃。一边吃，一边胡乱翻看堆放在茶几上的书籍杂物。这几天他一直在翻看一本跟青少年心理有关的小册子。看到厌学逃学的章节，就哈哈大笑。

青春期要厌学逃学的啊。菜虫跟我说。

是呀。我说。

那你逃学吗？

逃呀。爸爸是个坏学生，初中时结交的都是不爱学习的坏孩子，老是翻墙去看电影。

那你们买票吗？

翻墙还用买票啊。

菜虫对逃学的事情还是比较感兴趣的，很神往的样子。

接下去一页，是写 13 至 18 岁的。菜虫发现，青春期要跟爸爸妈妈吵架的。

爸爸你跟爸爸妈妈吵架吗？

爸爸还好，你大伯伯要吵的，还有你舅舅。

那我以后也跟你吵。

我不跟你吵架，反正都是你说了算。

再下面一页，菜虫又有新发现：啊，早恋！他发出惊叫声。

对于恋爱这件事，菜虫一贯嗤之以鼻。他在电影里看到拥抱亲吻的镜头，就爆发出狂笑，不管什么场合，都取笑他们：看，他们在谈恋爱！他觉得这是一件非常滑稽可笑的事情。

有一晚，我跟他商量，菜虫我们看个电影吧，看爸爸的电影，不看你的动画片。菜虫犹豫了一下，说，那，好吧，但是你不要看爱情片哦，我最讨厌什么破爱情电影了。

还有一个晚上，我们从银泰城出来，买了一个烘番薯，温温地握在手里。菜虫突然说，他只想结婚不想谈恋爱，因为谈恋爱要亲嘴，太恶心了，不但要吃到对方口水，还会传染病菌，太不卫生了。

我笑倒。

这次，果然，菜虫又提出来了。

爸爸，青春期要早恋的啊？

是呀。我说。不过爸爸认为早恋是个有歧视性的词，恋爱就是恋爱，不存在迟或早的问题。

那青春期为什么要恋爱呢？

因为你长大了呀，变成少年乃至青年了。

菜虫陷入了思考，我猜他在想，变成青年会是什么样。

不过呢，我又说，恋爱你要做好准备，你可能会心情不好，觉得难受。

为什么呢？菜虫问。

假如，你很爱一个女孩子，但是那个女孩子却不喜欢你，那么你就会很痛苦。

不会呀，菜虫说，她不喜欢我，那我也不喜欢她，我换一个好了呀。

我哑然失笑，但还是跟他说：爱，在你所处的那一段时间里，是唯一的，当你爱某个女孩子的时候，你的眼睛里就只有她，看不见其他女孩子了。

看不见？她们难道都隐身了？

有点儿像。但也不是像魔法师那样隐身，只是你注意不到她们。

菜虫眯着眼睛开始沉思。也许他想的是哈利波特的隐身衣。

爸爸，那你早恋过吗？

这个嘛，菜虫，你那个松露巧克力吃完没，去给爸爸拿一颗吧，爸爸有点儿饿了。

熊孩子问：为什么上学没有钱的？

“嗯，不好呗的，为什么你们上班都有钱的，我上学没钱的？”有一天，菜虫突然这么质问我们。

“不好呗的”是绍兴普通话，意思是不合算。菜虫认为爸爸妈妈上班，尽管辛苦，但是有钱挣，他上学也很辛苦，可是没钱拿。这件事对他来说，不合算。

如果以愤青的思维方式，或者按照我对上学这件事的真实理解，其实我可以一句话塞回去：为什么上学没有钱？你见过坐牢还拿工资的吗？但鉴于我早已经号称是一个温和而坚定的父亲了，我决定不这么说。

事实上，我觉得从孩子的角度讲这是一个十分符合逻辑的问题，是个好问题。因为，上学和上班确实很有可比性。爸爸妈妈按照规律上班下班，菜虫也按照作息时间上学放学，结构上是一致的。但问题是，为什么上班可以拿钱，而上学则没有钱？

在我们全家，菜虫认为他最辛苦。理由大致有下面几个：要起早上学、要考试、要做回家作业。其中最严重的是做回家作业。因为下班的爸爸妈妈就不必做回家作业，下班之后，或 iPad

或 iPhone，微信上红包抢抢，总之不用抄写听写默写以及写作文——当然，爸爸有时候晚上要写作文，但那是爸爸自找的，活该。但这样，菜虫有了鲜明的比较，理所当然觉得自己最辛苦。

菜虫还提出更多理由来指证上学比上班更辛苦，比如上班至少还可以随意走动，可以出差，而上课则 40 分钟内必须固定在自己的座位上，上班不用罚站，而上学要被罚站，诸如此类。而问题的核心在于，上班并不怎么辛苦，还有钱拿，叫作工资；而上学辛苦多了，却没有钱拿，天理何在！

菜虫的这个质问里，其实包含两个问题。第一个指向上学，第二个指向钱。孩子觉得上学辛苦，我很理解。现在的学校教育乐趣不多，是一个不争的事实。要是学校就是大游乐场，孩子哪有不喜欢的？即便不是游乐场，设若我们的学校是霍格沃兹学院，大概孩子也都乐意去了吧。甚至不用霍格沃兹，只要是夏山学校或者巴学园或者三五锄，孩子也不至于这么拒斥吧。

退而言之，也不必是上述学校，只要把体育课啊，课外活动啊，郊游啊，运动会啊，文艺表演啊，一股脑儿搞起来，时不时来几次，孩子们也会乐得屁颠颠的，何至于将上学视为畏途？我比较赞同经济学家张五常以前的一个说法，孩子嘛，20 岁之前就叫他玩，玩个够，20 岁开始潜心向学也还不迟。孩子们不喜欢上学的根本原因即在于此，体制内学校生生将教育做成了苦役。

问题的第二个关键点是钱。菜虫现在有财商了，认为钱很重要。但为什么认为上学需要给他钱呢？因为他觉得这是他劳动所应获得的报酬。如前所说，上学对他而言不是一种乐趣，而是一项被加给的工作，是一项劳动。劳动若非自愿，而是老师家长学校社会强加的，自然没什么创造力，也没什么乐趣。所以我们需要给他钱，来换购他毫无乐趣的劳动。这个道理，跟为什么免费的字幕组那么精彩，而翻译费昂贵的翻译公司却经常出岔子，道理是一样的。

对于一个十岁的孩子而言，你告诉他这是学习，这是九年制义务教育的一部分，这是为了将来，为了你展开的生命做准备，都是不可理解的。这就叫说教。但幸好学校还有一点可以吸引菜虫，就是有足够多的同龄人。菜虫每天在饭桌上，会跟我们讲学校每天发生的趣闻轶事。这至少让我放心，菜虫并非完全认为学校一无是处。

但每个周日的晚上就很令人沮丧了，因为要告别愉快的周末，第二天又要上学了。

菜虫也跟我谈起过旷课或者逃学的想法，我则跟他讲了我初中逃学的故事。我们那时候，逃学是家常便饭，菜虫很神往。但是逃学需要有伙伴啊，一个人逃学，多没劲。所以我告诉菜虫，现在最重要的，是在学校里找到一两个志同道合的小朋友，一起逃学。还要有一点经济上的准备，搞点零钱啦，否则，又没钱，穷学生，公交车都没法坐。这样，钱真的很重要。

这段时间，菜虫对挣钱这件事挺感兴趣，可以用来逃学付车票费，他还想买一个手机，用来跟他足球队的球友们一起刷表情包。他一度打算去舅舅的公司里打工，舅舅开了个外贸公司，商业伙伴都是歪果仁。

于是舅舅面试了他，问，你会不会用英文发email。菜虫一惊，他没听懂email这个词。这个小朋友知道植物大战僵尸，知道小黄人，但确实不知道email。这里有两件事，首先是英文，菜虫只会有限的几个单词，他把歪果仁英语老师教的全还给人家了。还有一个叫email的东西，菜虫也不太在行，最近他仅仅学会了在微信里发红包。

菜虫迟疑了一会儿，马上正视了自己的学力问题，就跟舅舅说，我可以搞卫生，扫地。

搞卫生两千一个月。舅舅说。

这么多！菜虫很激动。他扔一次垃圾才两块钱，一个月扔30次也就60块钱，周末涨涨价，讹诈一下妈妈，最多不超过一百块钱。现在，给舅舅公司打工，居然可以有2000块！菜虫跃跃欲试。当然，菜虫还是有条件的。

有双休日吗？

有啊。舅舅说。

有寒暑假吗？

那当然没有，你都工作了，哪里还有寒暑假。

那我要参加夏令营的呀。菜虫这下犹豫了。不但有夏令营，还有冬令营，都是菜虫想去的。相比于2000块钱，菜虫还是选择了夏令营和冬令营。于是，菜虫的勤工俭学计划搁浅了。

前一晚，我突然看到菜虫在电脑前打开了word文档，里面写了很多他会写的英文单词：apple、some、good、one、bathroom……他几乎把所有记得的单词都在word里打了一遍。

我问他，你在干什么？

菜虫说，英文email。

如何与孩子谈死亡

死亡是横亘在我们面前不可逾越的鸿沟。死亡是不可知，死亡是永恒的虚无。人的一生，还有什么问题，比死亡更重大呢？如果不解决面对死亡的问题，那我们将何以度过这一生？

这个永恒的命题，存在于成年人身上，也存在于孩子身上。尤其在儿童阶段，死亡的问题更加容易构成困扰，若不及时解决，会成为孩子心智发展的障碍。

我自己亦记得第一次直面死亡的场面。那是我七八岁时，隔壁的一位孤独老人，死在自己的床上，我猝然目睹其大张着嘴的遗容，那黑暗的洞穴不知通往何处。这一场面至今不忘，而造成的对不可知与不可控的恐惧，延续数年之久。这也是我初为人父便想要在菜虫童年时与他谈论死亡的动因之一，我想让他尽量消除恐惧，直面生命的消长。

菜虫对生命的敏感期，与绝大多数孩子相似，是在四周岁多一点时。那是一个春末夏初的夜晚，菜虫洗完澡，躺在妈妈肚子上，发出了“妈妈，我是从哪里来的”这一疑问。当时我读了一些华德福的书，便将华德福里讲孩子来历的故事读给菜虫听。这个故事不科学，倾向于神话，但对四岁的孩子来说，恰好是能接受神话而不理解科学的阶段。这是一个生命来源于星星，因为爱的召唤而降临家庭的温暖故事，成为菜虫对生命起源的认识。当然，后来还读了另外一些书，比如《小威向前冲》。

谈死亡之前，需要先谈创生，是因为死亡与创生密不可分，对两者的共同理解，才是完整的生命教育。而孩子发生“我从哪里来”的疑问之后，必然也会发生“君往何处去”的疑问。成年人面对的不可回避的哲学本源问题，其实孩子们也在面对。

菜虫对死亡发生疑问，是他问“妈妈，我是从哪里来的”之后半年。有一天，在外婆家吃完晚饭，我们回家的路上，菜虫虫突然问：爸爸，为什么外婆家没有外公？

其实这个问题，是我一直在担心的。菜虫的外祖父壮年早逝，是妈妈、舅舅及外婆一家深深的痛楚。外祖父去世的时候，虫爸还没来得及认识虫妈，舅舅也还没有认识舅妈。因为这是家庭的创伤，我们平时几乎不提。外祖父年轻时是军人，煞是英俊，肖像依然挂在外婆家。

我担心的第二点，是我不确定究竟菜虫会在什么年龄段，我们可以用何种方式来谈论死亡。我买过一本一个法国教授写的《跟我的孩子谈死亡》，但其中的孩子已经十岁多了。我还读过很多中西方哲人谈论生死的著作，但都是成年人的思考。菜虫提到这个问题时才五岁。他还不知道什么叫时间，什么叫长大，什么叫人生，就猝然面对了这个问题。

幸好，有《星星上的居民》这个美好的创生故事作为基础，我可以顺着这个故事，跟菜虫说外公回星星上去了。因为我们以前就是住在星星上的相亲相爱的一家人，后来才来到世间，时间久了，外公想念那个星星就先回去了。菜虫接着问，那么，外公是怎么上去的呢？嗯，这个问题也有依据的，首先你看，星星那么远，那么高，够不着呀。其次，在生命起源的那个故事里，菜虫虫是跟彩虹、雨点一起来到世间的，那一刻，大家开心地拥抱亲吻。那么，现在，我们该怎么回去呢？飞回去。我说。我也有依据，因为菜虫虫看过绘本《云朵面包》，吃了云朵面包，就变得很轻，就可以飞上去了，像白云一样在天空飞。哦。菜虫明白了。

当然，问题不会这么轻易解决。此后的一长段时间，我都用共读的方式跟菜虫讲死亡。读的书不仅包括绘本，还有童话以及哲学启蒙书。读过的书包括绘本《獾的礼物》《爷爷变成了幽灵》《苏菲的杰作》《一片叶子落下来》《活了一百万次的猫》等以及童话《夏洛的网》和《写给孩子的哲学启蒙书》。

《獾的礼物》是一种缅怀。死亡并不孤单，生命必将给别人带去温暖。《苏菲的杰作》也很温暖，奉献、付出的过程，在为别人带去慰藉的同时，也是在实践自身生命的意义。但我最喜欢的还是《爷爷变成了幽灵》《一片叶子落下来》和《活了一百万次的猫》这三本。

有一段时间，菜虫与我不断重读《爷爷变成了幽灵》这个绘本，菜虫很喜欢。为什么喜欢呢，因为这个故事符合菜虫的口

只有直面死亡，确认人生的有限，我们才能思考人生的意义与价值，从而拥有对生命的真诚理解。我们的生命态度，莫基于这样的真诚理解之上，无论是积极进取，还是消极厌世，都是你最真实的选择。因为生命是上天给予的，而如何度过这一生却是个体自己选择的。

味，就是闹。艾斯本的爷爷在街上突发脑溢血，不幸去世，艾斯本接受不了爷爷去世的事实，他开始失眠。半夜里，爷爷回来了，坐在艾斯本的橱柜上唉声叹气。爷爷变成了幽灵。因为爷爷会穿墙，还会“呜啊啊啊啊啊啊”地叫，一叫起来，艾斯本后背就升起一股凉气。爷爷去不了天堂，因为还有一件事情没做，但又不知道究竟什么事没做，于是爷孙俩共同寻找。在一遍遍追忆美好的往事之后，爷爷终于知道了，原来是他没有跟艾斯本说再见，所以总是放心不下。当爷爷说完再见后，幽灵就消失了。这个故事完全没有死亡的恐怖，而是把死亡当作一场游戏，表达了一直非常达观的生命态度。

我与菜虫读这个绘本时，并不跟他讲道理，只是读。读完还模仿故事里的情节，开始撞墙。我没穿过去，菜虫也没穿过去，但是菜虫憨憨的，撞得比较重，砰砰出声。我们都没穿过去，可见我俩都不是幽灵。我们还学幽灵“呜啊啊啊啊啊啊”叫，这回，虽然我们都不是幽灵，但是后背似乎还真有凉气升起。在读这个绘本的那段时间，我们热衷于穿墙游戏和幽灵叫的游戏，玩得不亦乐乎。

反复读这个绘本，而不是去讲那些空而大的道理，孩子们总会了解到，长辈爱我们，即便他们离开了我们，爱也依然存在。我们可以通过追忆，感知他们的存在。死亡是冰冷的，穿过记忆我们却可以感知爱的暖意。

《一片叶子落下来》没有这一本那么闹腾，也不是菜虫最爱，但却是深深感动虫爸的绘本之一。我希望有某些吉光片羽，永留在他的心底。这个绘本用落叶的故事，探讨了一个几乎人人会问的问题：为什么我们都要死，却还要徒然地来活一次？一枚叫丹尼尔的树叶回答：“为了太阳和月亮，为了大家一起的快乐时光，为了树荫和老人和小孩，为了秋天的色彩，为了四季……这些都还不够吗？”而另一句话则是：叶子会死，树也会死，但生命永恒。这便是巴尔蒙特不朽的诗歌所吟唱的道理：为了看看阳光，我来到世上。

关于生命，最令我感动的绘本是《活了100万次的猫》。菜虫约五岁时，我们共读了这个绘本。菜虫好奇于猫的无限次复活，而虫爸则读到语声哽咽。更神奇的是事情的后续。读此绘本两年后，在菜虫一年级暑假的培训学校里，他发现了这本眼熟的书，他一个人翻完后眼睛亮晶晶地盯着我问：为什么这虎斑猫后来不活过来了呢？我说，有爱的人生，只要一次，便已足够。我只是这样跟他说，没有更多解释，也不管他理不理解。阅读与思考本身，便已足够。

《夏洛的网》是关于生命的奇迹的故事。这个奇迹有两重意蕴。首先在于小猪威尔伯，他凭着信望爱，战胜了自我既定的命运。其次在于蜘蛛夏洛，她用生命信守诺言，当她死的时候，她的卵囊中孕育出了成千上万的小夏洛，在阳光下翩翩起舞。这便是生命的奇迹。就像《圣经》不朽的箴言：“我实实在在地告诉你们，一粒麦子不落在地里死了，仍旧是一粒。若是死了，就结出许多子粒来。”

以我的经验来看，用故事潜移默化进行生命教育，胜过理论说教无数。但当孩子开始拥有一定的理性思维能力，读点带理论的书也未尝不可。法国碧姬·拉贝和米歇尔·毕奇撰写的《写给孩子的哲学启蒙书》便是菜虫童年时期生命教育的终极读本。这套书的第一册第一章，便是“生与死”，因为这是一切思考的起点。当然，这书并不枯燥，有许多故事，有趣，可读，而在认知上，带给孩子螺旋式的提升。菜虫二年级时，我们一家共读了此书。

总之，只有直面死亡，确认人生的有限，我们才能思考人生的意义与价值，从而拥有对生命的真诚理解。我们的生命态度，奠基于这样的真诚理解之上，无论是积极进取，还是消极厌世，都是你最真实的选择。因为生命是上天给予的，而如何度过这一生却是个体自己选择的。为人父母，身先垂范，若能有一定的认知，对孩子进行有益引导，至少孩子会减少一些恐惧，生命的根基扎得更深。

时近清明，周末菜虫与我们去山上扫墓。我们拿了铲子培土，菜虫执意要他来。挖了一会儿之后，说，他打算开始掘地三尺来盗墓。我不禁苦笑。这熊孩子，尽管读了这么多书，仍对死亡一无敬畏。我又想起前年清明我们回老家，去祭扫我祖父的坟墓，天朗气清，亲戚成群，宛如春游。菜虫爬到坟头上，看着墓木已拱，用手指着我大叫：哈哈，你爷爷去见阎王喽！

10 岁熊孩子的性教育

一天晚上，和菜虫去看周星星的贺岁片《美人鱼》，看到男女主角亲吻的镜头，菜虫发出了“耶耶耶耶”的声音，坐在后排刚读初一的姐姐不由得“吃吃”笑了。

这是四年级以来的“阶级斗争新动向”。其实我与虫妈关注菜虫的这一言行举止，已经有一段时间了。四年级开学不久，菜虫班级里男生就流行这个语气词。据菜虫描述，只要看视频，里面一有美女出现，他们班淘气的男生就发出“耶耶耶耶”的怪叫声。菜虫觉得好玩，一下子便学会了，并在家里活学活用——此子学坏实在颇有天赋。这个语气词意蕴非常丰富，好像是在嫌弃，又好像是在喝彩，但更多的我觉得是在搞怪或者起哄。简简单单一个语气词，包含了很多意犹未尽的东西，很难用一个词语准确描述。但无论如何，我知道孩子们对性别的敏感，又达到了一个新的时期。

关于儿童的性教育问题，我一直有留意。这个问题最早是跟“妈妈，我是从哪里来的”这个问题相伴而生的。孩子想要了解从哪里来，便需要知道一部分性知识。但关键是，得用孩子们听得懂的方式跟他讲，而非中学生理卫生课式的说教。

四五年前，我问过我正在教的高一学生，你们是如何解决“我是从哪里来的”这一天问的。因为中国式父母，对于这件事一直比较羞涩含蓄。这两个词是客气的，其实大多数中国人的性意识处在前现代。我当时询问的这一届学生，大多生于1993年。我想，新时代的孩子，恐怕情况会有所不同，起码更为现代一点。因为我们70后这一代人，基本上被告知是从腋窝或者肚脐眼里生出来的。结果，孩子们的回答令人哑然失笑，他们中绝大部分都说是超市“买一送一”活动时送的。我竟无言以对。只好回答道，这也是与时俱进了，我们当时没有超市，只有供销社。

菜虫四五岁时，趴在妈妈肚子上，也问了这个问题：妈妈，我是从哪里来的。鉴于这一段时间尚处童蒙，万物有灵，科学的描述是无效的，我便跟他读了一个华德福教育里讲创生的故事。故事里满满的都是爱，能带给孩子极大的安全感，至今想来我还觉得当时讲这个故事是对的。之后菜虫五周岁不到时，我跟他一起读绘本《小威向前冲》。这个绘本大概是国内最著名的性教育绘本了吧。小威是一颗小精子，游泳冠军，因而后来女主人公也热爱游泳。读完这个故事正值冬季，我偶尔带菜虫去澡堂子泡澡，菜虫便对爸爸的身体发生了好奇，会指着各个部位，发出各种疑问。

蒲蒲兰绘本馆出过两本书，分别写给女孩子和男孩子，一本叫《乳房的故事》，一本叫《小鸡鸡的故事》。这两本书也是日本国内较为流行的儿童性启蒙书，四岁左右的孩子最适合读了，内容科学又有爱，画面稚拙可喜。不过，译介到中国居然也引发了一点小小的波澜，有保守者认为，这两本书尺度太大了——可见在中国，性教育还真蒙昧。不过对于菜虫而言，这两本书的出版稍嫌迟了一点，当时菜虫已经是小学生了。尽管如此，我还是很认真地跟菜虫读完了这两本书。

2013 年，胡萍老师出版了《亲亲孩子谈谈性》。在我有限的视野中，这是国内最好的原创儿童性启蒙书。图文并茂是必需的，最重要的是，里面涉及的问题基本上涵盖了儿童时期对于身体和性的各种疑问。但对我家来说也略迟了一点，很遗憾菜虫读二年级时我才读到胡萍这本书。比如里面写到"憋大便"的问题，"妈妈，我俩结婚吧"等问题都发生过，但是当时没读到，当孩子提出时我解决得不是很好，至今遗憾。

性教育之所以至关重要，是因为这会影响孩子将来对爱情的理解，比如择偶的标准、婚姻的态度以及家庭生活的常态等，从而影响这个孩子将来的幸福观、意义感、价值感等，对他将来展开的人生而言，意义重大。

这里最显著的一个谬见就是，孩子还小，现在还不懂。这谬见需要被破除，因为孩子拥有一颗有吸收力的心灵，父母的言行举止，无一不在建构孩子对世界的理解，性教育也是重要的一环。从"肛门时期"开始，便需要注意。比如，自小开始，在家庭里以一种坦然自由的氛围，去谈论这一问题，尽量不要有神秘感。因为这是孩子自我认识、自我探索的一部分，了解自己与了解外界，是同步发生的。

不过我现在遇到的是一个新问题。十岁的男孩，会对“美女”“亲吻”“拥抱”等发生敏感，并发出“耶耶耶耶”的声音。就我对这件事的理解而言，这是一种好奇与不解，是对一些这一年龄段尚不能理解的成人行为的自我揶揄。但就这一行为反映的素养而言，我倒觉得并不值得鼓励，因为有点像专业起哄。

十岁是一个成长的临界期，孩子正从儿童转向为少年。在纯粹的儿童时期，他所见的只是他可以理解的部分，成人间表示爱意的亲昵、肢体接触等，他完全无视。而现在呢，他看到了，但又不能全部理解，是以有“耶耶耶耶”的诧异与起哄。但关键是，孩子还处在向少年期的转变中，还不到青春期，他在思想上开始关注这一类行为。那么，家长该怎么办呢？

前段时间，我的朋友木云兄，在一个微信群里做了一个育儿观念的分享，其中涉及爱情教育、性教育。木云兄的这个分享在微信群里引发了热议。来自香港的孩子九岁的豆妈，也跟我们分享了香港的儿童性教育课程。两位的分享给了我很大的启发。我发现即便很多关心儿童教育的人，在处理性与爱这一问题时，还是理论性的指导比较多，具体教育细节的落实差距仍比较大。

木云兄使我坚定了一种看法，就是对十岁左右孩子来说，爱情的启蒙和性的教育是不能割裂的。木云兄强调了父母之间爱的表达的重要，比如拥抱、告别亲吻等，需要当着孩子的面，这其实就是一种教育。同时，父母的婚姻幸福，正是孩子幸福童年的最强有力的保障。中国式父母，甚至70后父母，能有这样认识的恐怕仍在少数呢。

对爱情的好奇和“耶耶耶耶”的起哄，在菜虫身上几乎是同一时期发生的。我转述过菜虫的话语，只想结婚不想谈恋爱，因为谈恋爱需要亲吻，而亲吻是要吃对方口水的。这是他对爱情的朴素理解。有一本书叫《与我的孩子谈爱情》，家长可以一读，以备不时之需，免得被熊孩子问倒了。

还是有必要再次推荐《写给孩子的哲学启蒙书》这一套丛书。之所以熊孩子问起关于性和爱的问题，我不尴尬，不慌张，淡定有致，是因为几年前我就通读过这套书，而近几个月来，我们与菜虫共读的恰好也是这套书。

关于起哄以及如何解决的问题，书里有一个非常相似的事例。不过呢，这套书里不是对视频里的美女“耶耶耶”，而是对着学校里的异性品头评足以及起哄。这套书好就好在，提供了案例，提供了解决之道，还告诉你为什么需要这样处理，既有理论依据，又提供了具体操作办法。

还有一点也值得家长注意，便是对儿童的猥亵案。书里描述了一个关于猥亵儿童的案例。猥琐的成年男子，将一个小男孩骗到车上，欲行猥亵之事，幸好这个时候，警察出现了，男子被带走，而孩子也免遭于难。这个案例告诉孩子们，一则，关于性，确实有一些孩子们尚不能了解的部分，需要孩子们自我保护；一则，我们身处的这个世界，还是有起码的安全保障的。

至于“耶耶耶耶”怎么办？坦然面对啊，不需要回避，更不必谴责，过一阵子，他能理解了，就自然好多了。

再谈性教育：认识自我成长所带来的内驱力

话题是从拳击比赛开始的。

看完《愤怒的小鸟》从影院回来的车上，菜虫问，为什么女子拳击比赛上身要穿运动背心，而男子比赛则光着上身。虫妈回答说是为了保护乳房。菜虫表示抗议，不好呗的，男人为什么不需要保护？我说男人又没有乳房。紧接着菜虫又提出，那女足运动员也要保护喽？当然啦。关于足球我比较在行，于是赶紧抢答：女足比赛中，如果有速度很快、力量很大的球过来，女足运动员可以用手臂保护一下胸部，这不算手球。

那少年女子足球赛呢？菜虫追问。

哦，你们这个年龄，都还没有发育，就还没有这个问题。我回答说。

一来二去，说话间快到家了，我决定比较严肃地跟菜虫再谈一次青春期、发育、性教育的话题。

这也是有原因的。因为性教育这个事，我与虫妈都还比较关注，不同的年龄段一直有较为适时的解释。这些解释是螺旋上升的，四岁有四岁的解释，八岁有八岁的解释。几个月前我写过一篇《十岁熊孩子的性教育》，里面略谈了我给菜虫谈性的经历。其中我想要表达的最重要的观念是：性教育之所以至关重要，是因为它会影响到孩子将来对爱情的理解、择偶的标准、婚姻的态度以及家庭生活的常态等，从而影响到这个孩子将来的幸福观、意义感、价值感等，对他将来展开的人生意义重大。

这次我打算严肃认真、从正面再谈一次，是因为菜虫班里有个男同学，经常说一些跟生殖器官相关的“脏话”。关于这个男同学的言论，菜虫是以讲笑话的方式跟我们说起的，我听了不由得也哑然失笑。在这个年龄段的班集体里，总会有那么一两个“早熟”的孩子，知道任何成年人的秘密。菜虫的那个同学最近喜欢讲的是阴茎、肛门、奶奶、交配这样的词语。菜虫觉得滑稽，便鹦鹉学舌，回家来讲给我与虫妈听。

当然我们不会以泛道德的标准去指责这个说脏话的男孩，因为这些一知半解的谈论里，其实是这个男孩对成长这件事的好奇，是对身体乃至自我认知的一种欲求。但是因为没有得到正确的、适合他的年龄段的心理指导，便以一种“脏话”的方式曲折地表现了出来。

我不指责这些脏话，但不代表我愿意菜虫也这样说。我希望他能坦然接纳自己，也接纳自己身上即将到来的那些变化。这个变化里蕴含着成长的力量，如果引导得好，将给孩子带去巨大的内驱力；而若有所失误，则可能造成自我认识、自我接纳乃至自我发展的障碍。

同时，我也希望，菜虫能有健康开放的心态，去理解并谈论这些与身体和成长有关的话题，并把这些科学客观的理解，间接地传达给这个说脏话的熊孩子。因为，脏话和专业术语还是有区别的。同样是与性、身体、发育相关的话题，当你以鬼鬼祟祟的方式谈论时，总令人想起猥琐这个词。而专业的谈论则有助于男孩子们缓解那些因为神秘感而带来的懵懂好奇。当然，脏话是一种无法消除的文化现象。我打算菜虫上初中就给他读《麦田里的守望者》，这个小说可是脏话教科书啊。

想要孩子能以健康开放的心态去谈论，首先在于父母能够有健康、开放、客观的观念。所以今天，趁着他又提起与乳房相关的话题，我就跟他讲了一下发育这件事。之前当然也有讲过，但我打算更明确、更直接、也更专业地跟他谈一次。

我先跟他讲了男孩子的发育。菜虫今年虚岁 11 岁，一般而言，男孩子发育会在 13 周岁左右开始，标志有如下几个：开始有喉结，变声，生长体毛，最重要的标志是遗精。

我一一说给菜虫听，并让菜虫摸了摸我的喉结，然后再摸摸他自己的脖子。嗯，菜虫表示他还没有发育。

遗精表示你的睾丸已经在生产小精子了，就是《小威向前冲》里面那个小威。我接着说道，然后又现身说法，讲了自己是一个小小少年时第一次遗精的经历。我只记得自己当时很惊慌，完全不知道出了什么状况。

菜虫大笑，说，你以为你尿裤子了吧。

但是你可以查百度啊。菜虫给我出主意。

那时候根本没网络呀。

你可以穿越时空啊。菜虫开始调皮了。

我把话题拉回来，继续说道：如果开始遗精，就表示你能做爸爸了，但只是在生理上能做爸爸，你还不能让自己真的成为爸爸，因为你还需要读书、学习。等到你有能力自己挣钱养活自己也有能力养活孩子的时候，你才可以做爸爸。

为什么13岁不能做爸爸？菜虫表示抗议。我可以去打工挣钱啊。他振振有词。

我轻蔑地笑了。13岁你就想做爸爸，你能每天早起，像爸爸妈妈那样给你儿子做早饭吗？我发出了最严厉的质问。

好吧，爱睡懒觉的菜虫知难而退，表示暂时做不到。

这些都是属于你自己的隐私。我接着对菜虫说，所以你的小短裤穿着的那个区域，是不可以给别人看也不可以给别人碰的。当你进入青春期，就表示你开始成为大孩子，你也更加独立了。所以你看，爸爸妈妈也要跟你保持一定的距离。你成为小学生后，妈妈就不给你洗澡了。爸爸有时候来看一下，是为了监督你有没有用洗头膏洗头发。还有，你开始有了自己的房间，那是属于你自己的空间。

我很高兴地观察到，菜虫听完这些话挺振奋的，似乎感受到了某种力量。同时我也感受到了他渴望独立，渴望自己承担责任的那种跃跃欲试。我于是不失时机地灌输了一些加强体育锻炼的私货。你看，青春期最重要的事情之一就是锻炼身体，你要把肌肉练得棒棒的，像铁块一样结实。我捏了捏他的胳膊，得像你舅舅那样结实——这方面虫爸自己不擅长，就不作为榜样了。

接下去讲女孩子的发育。主要是两点，首先是乳房开始发育。这是顺便给菜虫回答刚才女子运动员要保护胸部的问题。

发育时，乳房会不停地长吗，长到这么大？菜虫比画了一个巨大的乳房的手势。

这不一定，因为每个人的身体情况不一样，大小都会不一样。

第二则是开始来月经。进入青春期后，卵巢里每个月会孵育出一个卵子。《小威向前冲》里小威就是进入妈妈的输卵管，与卵子结合后才有的小威。

你也是这样来的，爸爸的小精子进入妈妈的身体，与卵子结合，就有了你。你看，一晃，你就这么大了。刚怀孕时我们去 B 超检查，你才这么一点点。我用小手指头比拟给他看。

菜虫笑了，吃了会儿水果，又忙了一会儿 iPad 的海岛战争，看我跟妈妈两人都开始玩手机了，就走开了。我刷微信的空隙抬头一看，他躺在地板上正做仰卧起坐呢，然后又将客厅的椅子移开，对墙踢了一会儿足球，接着又开始练哑铃，最后戴上拳击手套，对墙猛击一阵，弄得满头大汗。

去洗澡，我说。

菜虫很乖地去洗澡了。

我忍不住还是去偷看了一眼，他仍不愿意用洗头膏，脑门上的几根头发水冲一下，马上擦干，只当完成一个任务。熊孩子，本质还是熊孩子啊。

如何与孩子谈论传统

冬天的一个傍晚，我带菜虫去世茂广场看电影，路过五云桥时，看到一个卖爆米花的小贩，正摇着一台笨重的老式爆米花机。寒风萧瑟，熊熊炉火照亮了他的脸庞。火炉上，一个乌黑的罐子有规律地左右旋转。

我已经好多年没看到这种老式的爆米花机了，当下叫住菜虫，兴奋地跟他介绍，这种机器是多么神奇，在爸爸的童年，给孩子们带来了多大的快乐。我拉着菜虫一直看，直到“嘭”的一声巨响，爆米花新鲜出炉。可惜的是，现在流行手机支付，我出门竟然没带现金，没有买成新鲜出炉的美食，只好去电影院，用支付宝买了一份美式焦糖爆米花，然后看动画片。

我想过很多次要写一本书，跟菜虫谈论中国农村，以及解释什么才是传统中国。不仅仅因为我来自农村，田野给了我的童年无限的欢愉；也不仅仅因为，传统文化在我身上如影随形；更因为，这个正在现代化道路上行进的中国，其出发的原点，还是农村。然而，在急剧变迁的当下，传统中国，消逝的事物太多，多到我们完全没有办法挽留。

我想要菜虫知道，我们的来处在何方。现代化进程一路向前，我们常被唯进步主义所裹挟。进步、开放、文明，诚然是我们的追求，但我也希望，在现代主义的狂飙突进下，我们也能偶尔回望自己的来处，那个穷困而寒冷的童年农村，构成了我们精神家园的重要部分。

但菜虫已经不太愿意跟我回农村了，每次回去都是各种抱怨。他习惯了高楼大厦，习惯了平整宽阔的马路，习惯了星巴克和麦当劳，习惯了无印良品和宜家。我该如何跟他讲述，三十多年前，与菜虫当下同龄的爸爸的一身新衣服，是需要过年时奶奶找裁缝来家里缝制的呢？

以前，有一种手艺人，叫箍桶匠。我年幼时，很诧异，为什么几块木板拼接起来，水就不会渗出两块木板的缝隙？而我，如果没有考上大学，极有可能成为一名木匠。在童年的农村，木匠已经是一种社会地位很高的职业了。

还有一种手艺人，叫作补缸匠。陶瓷的器物，砸碎了，万难修复。但是聪明的补缸匠人，能用神奇的铁钉，将饭碗啊，水缸啊，修补完好。在我们当时看来，这些匠人就像有着神奇的魔力，能化腐朽为神奇。

还有一种匠人，现在再也见不到了。偶尔，在传统童话里还能见着。每次书中读到这种匠人，菜虫都会充满好奇地问我，到底什么是“捅烟囱的”？而待要向孩子解释，却觉得词穷。因为这种“捅烟囱的”工作，消失很久了。

旧日南方农村，多用稻草作为燃料。稻草多灰，天长日久，烟囱就被堵塞。这个活儿，需要有专用工具，又因为脏，本地少有人做。于是，专业人员应运而生。他们身着黑衣，头巾包住头发，脸上挂着烟灰的黑色，背着一把大扫帚，走街串巷，一边口里吆喝着：捅烟囱喽……于是，当小朋友在外面游玩嬉戏，带着一脸的乌黑回家，妈妈总会嗔怪地数落：你看你，像个捅烟囱的。

但是我想让孩子知道过去中国的传统，绝不是为了将孩子们拉回到过去。现代科技让我们变得更方便、更开放，但同时我们也希望，孩子们能了解他们所浸润的文明的由来。

未来，他们的道路漫长，前景无限，星际漫游也不成问题，但无论走到哪里，希望他们能够有时间或者心情回望，能看清他们的来路。就像有一天，未来的人们在太空回望，他们明白，有一颗蔚蓝的星球，是生命与文明的起源。

第 4 章

爱是生命的自由状态

爱比恨更难

2014 年 7 月，湖北某小学的毕业生在便条上写满“老师，我恨你”，并广为张贴，以此来迎接毕业。据主导这件事的心理咨询老师解释，毕业时学生往往容易情绪失控，充满破坏性，容易打架等，让学生写下“老师，我恨你”，可以为这些负面情绪找到一个发泄的出口，“孩子们写下充满恨意的话后，破坏性明显比往年减少”。

然而，这毕竟像是一次仇恨大展示，甚为触目惊心。若该小学的家长不知情，恐怕真会因此怀疑六年来自己爱若掌上明珠的孩子，究竟在校园里受到了什么样的天大冤屈。

诚然，这是一次心理干预，但即便单纯从心理援助层面而言，这位心理老师所做的也值得商榷。因为发泄可以有，但并非心理干预的全部。每个孩子，都是独特的个体，他们与老师之间的相互交往和彼此感受，都是不同的。心理老师这个时候若要进行心理干预，最重要的，是针对每个个体进行疏导。疏导的意思，是让孩子敞开自己，把真实的感受表达出来，包括甜蜜与悲伤，喜悦与愤怒等等，并让这些情绪得到接纳与认可。共情，才是心理疏导的不二路径。这种四处张贴谩骂甚至辱及祖宗十八代的做法，已经不止是宣泄，更像一次脏话练习了。我不能理解的是，这竟然还是一位心理老师主导的。

我自己的孩子也在读小学三年级，平心而论，他并不是每天都快快乐乐的。比如，最近他苦恼的是，体育课换了一个很喜欢骂人的老师，并且新体育老师取消了孩子们最喜欢的自由活动环节。孩子们为此颇为愤愤不平，然而，也就是一点小小的私愤。这样的私愤，通过与老师的沟通，完全可以得到解决，何至于达到“老师，我恨你”的地步？

师生之间的矛盾，是永远存在的，但泛泛而谈并无意义。具体到一所学校，一个班级，这些矛盾的根源何在，作为老师或者家长，又该如何引导和化解这些矛盾，才是我们成年人需要思考的地方。

或许有些地区升学压力甚大，累及小学阶段；或许有些学校存在一些评价制度上的不足，使得孩子们时有挫折之感；也或许有些老师个人素质尚待提高，曾无意中伤害到孩子；这些可能，都是存在的。作为家长，面对加诸自己孩子身上的不公，确应采取一些应对措施，因为家长必然相信，通过家校的理性沟通，这些不公是可以得到纠正的。所谓的纠正，其实是一种自我学习的过程，我们期望老师能有开放的心态，去真正认识童年这一特殊的阶段。孩子们总是无辜的，在这件事里，尽管表现激烈，我们看到的仍是孩子们面对学校教育的无奈。

因此，心理老师也好，普通班主任、任课老师也好，家长的期望是：老师爱孩子就像爱自己。需要让孩子们知道，这六年来尽管有矛盾与误解，但老师与家长一样，一如既往地深爱着他们。说到底，发泄是简单的，而共情则不容易；仇恨只是一念之间，而爱却需要不断呵护。因为，仇恨更接近于一种初级的应激反应，爱才是更深广更复杂的高级体验。作为心理老师，自应对这一点有更深切的认识。

教育自有其超越性的价值。我们把孩子送进学校，是因为相信，通过教育，我们告别野蛮，走向文明；通过教育，我们战胜冷漠，获得温情；也通过教育，我们消除仇恨，学习博爱。而小学阶段，爱的教育尤其重要。需知，在仇恨中长大的，他对世界的基本判断也是冷酷；而一直沐浴着爱的柔光者，自身也将放射爱的光芒。

我为什么不反对孩子玩电脑游戏

先来说说成年人反对孩子玩电脑游戏的原因。

第一，担心孩子的身体，最主要是眼睛，怕近视。

近视确实是个严重的问题。我接触的高中生，一般 50 到 55 人的班级，每个班不戴眼镜的基本上是个位数。曾经，我对菜虫的希望之一，就是到 18 岁前不近视，但他在三年级的时候就近视了。杭州眼科医院的医生告诉我，本地三年级以上 60% 的孩子都近视。不过，我们现在没有证据可以证明，近视都跟玩电子游戏相关。比如菜虫是不爱玩游戏的，也不看电视，可是也近视了。这至少说明一点，将近视归罪于电脑、iPad、电视，理由不够，证据不足。

我读过一篇分析中国孩子近视多发的原因的文章，该文认为近视的多发是多重因素的，过多的学业，过重的应试压力，过大的作业量，过多的室内时间，以及过多的人造光源，都难逃其咎。所以家长若害怕孩子近视，应该去反对过多的学业，然后省下时间，带孩子去体育运动、旅行、户外等等，而非完全嫁祸给电子产品。

第二，担心孩子们沉溺于游戏，浪费时间，把学习成绩落下。

这一点担忧在目前的公立学校体制之下，确实很普遍。因为，现在的学校教育不鼓励孩子们古灵精怪的创新思维，只依靠一种死气沉沉、不需要太多智商、类似苦役的学习方法。时间耗下去，刷题刷起来，不必多聪明，考分总不至于太差。冉云飞老师早有雄文指出——通往比傻帝国。即：在体制内学校，考试成绩好不证明这个孩子聪明，只证明这个孩子忍耐力强。

说到这点，作为成年人之一，我个人实在也有些愧疚。尽管这个制度设计与我无关，但身为教师，自然也是戕害孩子们身心健康的帮凶之一。苏教版的高一语文教材里选了台湾作家杨子写给儿子的信："说起来是非常令人诧异的，享受过自由自在的读书生活的我们这一代，在思想上、制度上却布置了一个叫你们憎厌的读书环境。自以为爱护下一代的我们，却使你们读书受到那么长时期（从幼稚园到大学）的身心折磨。"每次教授这篇课文，我都感同身受。

基于这样的教育现状，家长们总会认为学业与成绩是第一位的，并且是唯一的评价标准。而游戏耗费了孩子们太多可以用来刷题的时间，就必然成为学习之敌了。

尽量缓解甚至避免这种冲突，需要成年人反思并改变自己的教育观念和教育行为。有一种习见的中国式观念是这样的：现在吃苦，是为了将来不吃苦。可是生命的意义在于每一个当下，如果当下只是去做自己不喜欢的事情，那么，什么时候才能做自己喜欢的事情呢？牺牲现在以换取将来的观念，是一种倒行逆施。

另外，家长其实也需要反思这个互联网 + 的时代对教育的真正要求，说一句大白话吧：考试分数好，跟你将来过上有钱的好日子，已经没有必然联系了。

第三，反对游戏，是因为有些家长并不了解孩子真正的需求是什么。这就产生了以下这个问题：为什么你希望孩子们感兴趣的，孩子们偏不感兴趣，而你不想让孩子玩的游戏，孩子偏想要玩？

问题的根源不在于你不爱自己的孩子，而在于你不了解孩子，想当然地从自己的思维出发，你对孩子的爱属于一种强加的爱。强加的爱，亦是病态，有家长的控制欲在作祟，或许还有作为家长的威权意识。

家长权威我亦认为是一种很坏的东西，是专制文化在家庭里的反映。我一直强调以契约来替代规矩，就是这个道理。很多时候家长与孩子之间的冲突，包括是否可以玩电子游戏，实质上是对家长权威的维护。父母被激怒的根源在于家长控制欲的挫败。

解决之道无他，俯下身子，去发现孩子真正的需求。

第四，多数家长，并不知道游戏里包含的文化奥秘。

其实所谓的游戏文化，我也并非专业人士，但鉴于我也曾一度是资深玩家，而且玩的时候还曾经瞎想过，就来说说我所理解的游戏文化吧。

电子游戏，自从出现的那一天开始，就处在了争议之中。我最早玩游戏，是读初二时，大概是 1987 年。那时候，在浙江农村的街镇上第一次出现了街机，显示屏还是黑白的，上面只有一种游戏，就是2013年微信里全民打飞机那种游戏的第一个版本，一毛钱能买到三架飞机，用操纵杆控制，死完拉倒。就这样，我第一次开始玩电子游戏。

最有趣的是，这个黑白显示屏挺暗的，白天太阳大，视觉效果不好，游戏老板就做了一个半包围的木盒子，把整个游戏机包起来，这样玩游戏时我们的身体全部被包进了这个木盒子外壳，玩起来与世隔绝，物我两忘。

玩游戏的快乐是不玩的人所无法想象的，这是一种高峰体验，一旦有过，很难彻底免疫。是以成年人就说这是电子鸦片，是毒品。唉，虽说这是深重的误解，可从成人的视角看，还真有几分相似。

这种高峰体验一直留在我心里。后来有机会玩过几种大型在线游戏，历时超过十年，给我带来很大的快乐：帝国时代、传奇、魔兽世界。此后由于体力不支，终于彻底告别游戏，对现在iPhone和iPad上的手游，再也没有兴趣。对于这一经历，我写过一篇文章《魔兽世界改善人性》，这是我对游戏的一个阶段性反思，也提出了对所谓青少年“网瘾”这一概念的反对。

此后，我又读了一些书和文章，使我对游戏的理解，又有新的发展。

有个叫约翰·赫伊津哈的荷兰人写过一本《游戏的人》，书中指出游戏是人类的本性之一。当然他不是指电脑网络游戏，而是泛指全部游戏。他的主要观点是游戏先于文化，因为总是要先假定有了人类社会，才会有文化的产生，而动物并不必等人来教它

反对游戏，是因为有些家长并不了解孩子真正的需求是什么。这就产生了以下这个问题：为什么你希望孩子们感兴趣的，孩子们偏不感兴趣，而你不想让孩子玩的游戏，孩子偏想要玩？

们玩游戏。有评论者总结了游戏的特点，引用如下：

1. 自主（Free），实际上是自由（Freedom）；

2. 游戏不是“平常的”或“真实的”生活。毋宁说它走出了“真实”的生活而进入一个暂时的、别具一格的活动领域。

3. 游戏具有作为一种文化现象的复杂形式，是心灵的一种崭新创造，也是可以被记忆保留下来的财富，它是可传达的，并将成为传统，在任何时候都可重复。

4. 游戏创造秩序，游戏就是秩序。游戏把一种暂时而有限的完美带入不完善的世界和混乱的生活当中。

《游戏力》《童年游戏力》都是实操性较强的育儿书，并非一种理论的推演，比如书里并没有讲人类为什么需要游戏或者游戏的本质是什么，而是介绍了很多行之有效的游戏化生活的策略。对于孩子，说教无用的时候，游戏是一件法宝。菜虫初读小学，冬天的早上起不来，我跟他玩驴小弟变石头的游戏，他就很快地起床了。

这些书都是在为“游戏”正名。“业精于勤，荒于嬉”，古人说的这句话里包含着对游戏的深刻谬见，以为学习必然要跟游戏对立起来，其实大谬不然。我以为，中国传统的学习方式，完全可以用一个词来表达：自虐。来看看那些励志的名言就知道了，什么“悬梁刺股”，什么“冬练三九，夏练三伏”，什么“板凳要坐十年冷”，就是给自己找罪受，自虐狂。求知本身能带来无穷的快乐这件事却完全被无视了。他们想破脑袋也不会想到，游戏才是最好的学习。

这其中自然包括电脑游戏。电脑游戏带来的快乐和活力，是非常高级的智性的愉悦，跟玩围棋以及古人业余时间写点回文诗什么的，乐趣是一样的，甚至还要超越之。

比如说，电脑游戏、iPad 游戏，其实都是很复杂的软件设计，并非完全傻瓜式的，所以学习游戏的过程，也是学习这个软件的过程。而这种学习能力，完全是开放的，也是可以迁移的，比如玩《魔兽世界》，需要知道“宏”是什么，知道“宏”的玩家，可以玩得更好。

好吧，再说一点，我这样的 70 后，对电脑原来并不了解，后来玩了《帝国时代》，就创造性地学会了电脑以及各种网络知识，这比交钱去上电脑培训课程效率高多了。因此，电脑游戏带给孩子们的是一种智慧的高级体验，是焕发创造力的快乐，也给孩子们带去智力开发上的无穷可能。

《游戏改变世界》这本书的作者简·麦格尼格尔，是著名的未来学家、TED 大会演讲者，她提出了一个观念，认为未来的世界本身就是一个游戏化的世界。麦格尼格尔不再去讲一城一地的得失，对绝大多数中国人来说，书里的观念完全是颠覆性的，然而又十分在理。她认为，游戏化是互联网时代的重要趋势，是通往未来的线索。这意味着，在未来，我们的生活本身就是一个大型游戏的一部分，在游戏中我们释放自己的潜能，获得幸福感与满足感。

书里有一个叫人很惊讶的数据：到 21 岁，美国年轻人平均会花 2000~3000 个小时阅读，但却会花 10000 多个小时玩电脑和各种视频游戏。那么，为什么年轻人会痴迷于游戏呢？原因非常复杂，比如，因为游戏是人本质属性之一。麦格尼格尔在书里举了一个例子，希罗多德在《历史》一书中写道：大约3000年前，阿提斯（Atys）在小亚细亚的吕底亚为王，有一年，全国范围内出现了大饥荒。起初，人们毫无怨言地接受命运，希望丰年很快回来。然而局面并未好转，于是吕底亚人发明了一种奇怪的补救办法来解决饥馑问题，计划是这样的：他们先用一整天来玩游戏，只是为了感觉不到对食物的渴求……接下来的一天，他们吃东西，克制玩游戏。依靠这一做法，他们一熬就是18年，其间发明了骰子、抓子儿球以及其他很多常见的游戏。

这个事例真是好玩极了，原来为了游戏可以不吃饭，古今都一样啊。

对于现代的年轻人而言，游戏远不止替代吃饭那么简单。因为，“游戏是最典型的自成目的的活动。我们玩，完全是因为自己想玩。游戏不会刺激我们对外在奖励的胃口：它不给我们报酬，不提升我们的事业，不帮助我们积攒奢侈品。相反，游戏以内在奖励丰富我们，它让我们积极投入有机会获得成功的工作中，给了我们一种高度结构化的方式消耗时间，和自己喜欢的人建立纽带。如果我们在一款游戏里跟一大群玩家玩足够长的时间，就会感觉自己成了宏伟事业的部分，成了一个史诗故事、一个重要项目或一个全球社区的一环。”

游戏玩家洪韵在“一席”的演讲也非常令人脑洞大开，对游戏仍怀有不解的家长可以看看。洪韵有一个身份，是“游戏史家”，2014 年，他在《读库》一连发了三篇关于游戏的文章。他在“一席”的演讲开头引用了《游戏的人》，结尾的一段则更加精彩，可以说，将游戏提升到了哲学层面来进行审视：

这里我想引用我非常喜欢的一部游戏结尾的一段话，这部游戏就是《潜龙谍影 2：自由之子》的一段话：生命的意义并不仅仅在于将我们的基因遗传给下一代，除了 DNA 之外，我们可以流传给后世的东西还有很多很多，通过文学、语言、音乐、电影，我们所看到的一切，听到的一切，感受到的一切，愤怒、喜悦、悲伤，都是我们可以传达给后世的东西，这就是我生存的目的，我们必须将这把火炬传递下去，让我们的后世可以照着它的光，阅读这一页凌乱而令人伤感的历史。

在这个时代，数字化的时代，我们有着无数魔法般不可思议的工具能够做到这一点，也许人类的历史会在未来的某一天走到终点，新的物种会取代我们在地球上的位置，甚至这颗星球也不可能永远地存在下去，但我们仍然有责任为未来留下自己生命的印记，建设美好的未来与保存鲜活的过去是密不可分的，我想游戏就是我们这个时代的魔法，而这就是为什么游戏重要。

——洪韵《游戏就是我们这个时代的魔法》

那么，作为家长，我们该做些什么呢？

首先当然是去理解游戏究竟意味着什么，以及孩子喜欢游戏的行为中隐藏着什么奥秘。

至于已经迷上游戏并因为游戏而排斥其他活动的孩子，我有几条建议。尽管我不反对孩子玩游戏，但生活是很丰富的，户外、朋友，都是不同的生活乐趣。

可以给出几条对策：

家长不要把游戏视为洪水猛兽，也不必厉行禁止。单向的禁止是无效的，会使孩子更加饥渴。解决的办法是协商制定规则。注意，需要协商，而非家长单方面制定。这个规则首先是限制成年人，成年人身体力行，不破坏规则，孩子才会尊重规则。

增加陪伴孩子的时间。懂得孩子的希求是什么，给他们所需要的陪伴，当他们讨厌我们的时候，自动避开。

设计更多的户外活动。带孩子去旅行，去运动，去看足球甲级联赛，组建一支足球队，放风筝，捉蝌蚪，夏令营……

将孩子带入同龄人群体。同龄人自己的亚社会特别重要，可以让孩子们互相影响，在属于自己的群体中找到归属感。

多听取有经验的家长的建议。等等。

爱是生命的自由状态

我近年来看到的最好的动画片，是2014年初在国内上映的《冰雪奇缘》，获得了第86届奥斯卡最佳动画长片。当时菜虫在每个笑点都爆发出怪异的大笑，惹得全影院的观众侧目。但虫爸显然笑不出来，事实上，虫爸深深地被这部片子打动了，观影中途泪崩数次，比菜虫更加投入其中。

艾莎自然爱她的妹妹安娜，但因为与生俱来的超能力，在幼年的一次玩耍中她伤害了挚爱的妹妹，从此关入冷宫，在孤单中度过青春岁月，直到长大并加冕。而在此期间，父母渡海时不幸遇难。

此为父母教育的一层失误。这个失误在于，没有正确认识孩子身上的超能力，而之后因为海难，不再能守护二女，使艾莎在幽闭中孤独成长。直到安娜宁愿舍身救艾莎，以行动诠释真爱前，艾莎从来没有认识到超能力是中性的，关键看你怎么利用。

在我看来，超能力无疑是个隐喻。事实上这种超能力每个人都有——对于一个时常看童话的人而言，这一点毋庸置疑。个人的使命之一，便是去发现自己身上的超能力。所以我经常愿意将

《冰雪奇缘》和《牧羊少年的奇幻之旅》放在一起来谈论，发现我们身上的超能力，是毕生最重要的使命之一，所谓牧羊少年一书中谈及的“天命”。

每个人来到世界，都是为了有所创造。关键在于，你有没有去寻找你所担负的那个使命，以及你究竟有没有找到自己一生的使命。我相信，每个人都能成其所是。你从小想成为什么样的人，你自然就会成为什么样的人。这不是心灵鸡汤，恰是人生真谛。

比如妹妹安娜其实也有超能力，就是天生的爱的能力和热爱生活的能力。安娜无论何时都坚定相信爱的存在，不论是爱情还是亲情，即便那个王子欺骗了她。结果正是如此，终究是安娜毫无保留、不附带任何条件的爱，启迪了艾莎对自身超能力的理解。

因而我认为，整部其实电影是一个“用爱去释放内在能量”的隐喻。艾莎误伤妹妹是一个意外，从此却背上了沉重的道德包袱。这个时候，作为国君的父亲与母亲，采取的做法并不值得赞赏，他们将艾莎关在了城堡里，艾莎所有的畏惧也都源于此——她害怕的无非是无法控制自己的魔法。而我们知道，必然要在对魔法的学习与运用中，才能习得对魔法驾驭。哈利·波特在成为担负起责任的巫师前，经历的挫败也不可胜数。

并且，魔法从来都是双刃剑。在妹妹安娜看来，这种魔法是快乐的源泉。她记得那些曾经的快乐，始终不肯放弃对姐姐的呼唤。而艾莎直到成年时，仍没有学会自如地运用自己的魔法，一直活在恐惧中。这个恐惧并非来自魔法，而是来自她对魔法的不

每个人来到世界，都是为了有所创造。关键在于，你有没有寻找你所担负的那个使命，以及你究竟有没有找到自己一生的使命。我相信，每个人都能成其所是。你从小想成为什么样的人，你自然就会成为什么样的人。这不是心灵鸡汤，恰是人生真谛。

能掌控。

关键的一步在于艾莎的离家出走。当艾莎抛开一切，孤身来到山上后，她获得了从来没有过的自由感。正是在这个前所未有的自由状态下，她创造出了举世无双、令人叹为观止的冰雪杰作。这一段影片真是神来之笔，高峰迭起，令人沉醉不知归路啊！

因此，问题的核心在于一个词，就是自由。在自由中，才能习得对自身能力的运用自如。前几天我看到一句话，恰是教育的真谛：只有在自由的状态下，教育才是可能的。而父母对艾莎的禁闭，核心是控制。即是说，控制不是教育，在控制中，超能力的拥有者，无法学会控制自己的超能力。

关于教育，关于爱，我们必须理解到：爱就是生命的自由状态，任何以爱的名义，而有附加条件的，都不是真爱。艾莎也只有在毫无保留的爱里，才获得了掌控自身魔法的技巧。如果没有爱，唯有恐惧，那么艾莎就会是《纳尼亚传奇》里的白女巫。同样拥有魔法，一念善良，一念邪恶，其实核心非关其本身的价值观念，而在于其是否活在生命的自由状态中。我们应该庆幸艾莎没有成为白女巫，若以教育者的视角来看，正是不再有控制，获得了毫无保留的爱，才使得艾莎从变成白女巫的边缘重回人间。

不知如何，突然联想到过年时宗法社会对年轻人的逼婚。过年不敢回家的年轻人，你们其实可以对家族长辈发出强有力的反诘：初中时，你允许我恋爱了吗？高中时，你允许我恋爱了吗？你从不许我学习恋爱，把那个叫作“早恋”，叫作“男女交往过密”；现在，你却叫我结婚！

这里的逻辑就是，中国人自小是被控制的，但是突然24岁的时候，你叫我“自由”，如何才能避免“自由的晕眩”呢？这与艾莎的困境何其相似，你从没让我学习运用魔法，现在却叫我控制自己的超能力，臣妾做不到啊。

我们亦不能保证，凡是爱，必是有益的。弗洛姆在《爱的艺术》一书前言里说道：“如果不努力发展自己的全部人格并以此达到一种创造倾向性，那么每种爱的试图都会失败；如果没有爱他人的能力，如果不能真正谦恭地、勇敢地、真诚地和有纪律地爱他人，那么人们在自己的爱情生活中也永远得不到满足。”

在我看来，这段话的核心是“创造性倾向”，承认每个人是为了有所创造而来。并且，爱是需要能力的。这种能力就叫作爱的能力，这种力量，被冉云飞以一本书名概括出来了——《给你爱的人以自由》。

那些我们无能为力的事

我怀疑，在我的朋友圈中，我最可能就是那个一直以浅薄的乐观主义者而被说道的人。我一直说，要“温和而坚定”，其实，说这些话时，我也不那么有底气。

2014 年 12 月，我与虫妈无比遗憾地接受了一个事实：菜虫近视了。

在两个医院分别查了，做了散瞳，近视的度数查出来是一样的。没办法，给他配了眼镜。

说实话，这是我近年来受打击最大的一件事，好几天情绪都很低落。当然有好多孩子都戴眼镜了，据杭州给菜虫检查的医生说，三年级以上小学生，就有超过 60% 的孩子或深或浅近视。但这并不能够安慰我的沮丧。因为，保护孩子视力这件事，本来我认为我可以控制，可以以监护人的身份干预，但因为没有足够重视，造成了菜虫身体上不可逆转的损害。这是我最难受的地方。

这个孩子们生活其中的世界，已经有很多地方是我们成年人个体无能为力的，但近视这件事，我觉得本来我们是可以避免的。

2014 年夏天，我在一个教师培训会议上，第一次公开讲了我的育儿观，讲题是《从丁克主义到资深奶爸》。这个育儿观，大致有两点：一是要保护孩子的不知情权，二是要温和而坚定地守护自己的教育理念。在这次演讲的最后，我说，孩子有权一生一事无成。而我其实对菜虫只有两点期望：第一，到他 18 岁，仍然不近视；第二，到他 18 岁，他仍能保持对世界万事万物的好奇。

言犹在耳，才过 5 个月，菜虫就近视了。或许在我讲这番话的时候，菜虫已经近视了，但我没有重视，于是事遂至此。

我们去杭州配了眼镜。菜虫倒是很开心，因为他其实挺羡慕别的戴眼镜的同学，认为戴了眼镜也挺了不起的。他戴了眼镜之后，就照镜子，并让爸爸妈妈给他拍照留念。他重新发现了自己，很新奇，有点小兴奋。此后我跟他去看电影，他都要带上眼镜，有一次我忘了给他带，他还生气。说实话，我确实认为，菜虫戴眼镜也挺好看的。但这也无法安慰我的沮丧，那几天心里像压了一块铅那么沉重。毕竟这是我该做而没有做好的事情。尤其是，对身体的损伤，近视，是不可逆转的。

我把我们在育儿过程中碰到和即将碰到的事情分为两类，一类是父母可以在自我能力范围内解决的，一类是个人之力无法改变的。事实上，前一类事情带给我的挫败感更多。后一类，我完全可以推诿给这个裹挟一切的时代。近视，是第一类中，最近带给我挫败感最深的一件。

当初菜虫还在喝奶粉时，我们最不能接受的就是三聚氰胺。当时政府出来，免费给婴儿做三聚氰胺的检测，我与虫妈满怀忧心地抱着菜虫去了二院。幸好没有检测到。当时我写了一

我把我们在育儿过程中碰到和即将碰到的事情分为两类，一类是父母可以在自我能力范围内解决的，一类是个人之力无法改变的。事实上，前一类事情带给我的挫败感更多。后一类，我完全可以推诿给这个裹挟一切的时代。近视，是第一类中，最近带给我挫败感最深的一件。

篇文章《因父之名》。那时候，文章里表达的情绪是愤激，而现在，很多事情，却是无力感。这种无力感经常会来袭击我，在接下来的几天，像绳索一样缠住人不放。有人说小蔡你真了不起，在育儿上竟然没有一点焦虑。怎么可能没有焦虑，做了父母，就意味着要一辈子提心吊胆，只是我把焦虑隐藏得更深而已。

回顾菜虫初临人世的这十个年头，就会后怕，惊出一身冷汗。到目前为止还是健康成长，真有几分侥幸。

比如，菜虫刚开始能吃鱼类的时候，我们给他买没有刺的多宝鱼，吃了几个月，竟然新闻说，市场所售的多宝鱼中有很多致癌物质孔雀石绿的残留。从此到现在九年，我们再也没买过这种鱼。不买此鱼，便自欺欺人地以为可以免除有毒的食物。

不久，菜虫长牙齿，刚能吃鸡翅与鸡腿。又惊爆，这些食物里面，含有苏丹红。吃水果，虫妈只买原装进口的，宁可省下买衣服的钱。因为国产水果农药太多。最近微信圈里在发的一个文，说国产大蒜被韩国拒收的真实原因，是因为滥用农药。

四岁以来，雾霾中国，无人幸免。

有人愤怒地说，中国食物，是一张元素周期表。这都是我们无能为力的事，因为你躲得过一种，躲不过各种，我们无法将自己放置在真空无菌环境中。

而面对这些，你还能振振有词，厚着脸皮说，要“温和而坚定”吗？

关于近视，我问了不同的医生。医生给出的回答是，现在，其实还没有任何科学依据可以解释近视的根本原因。医生说，可能父母都近视，也有关系；可能现在自然光线越来越少，整个城市的人工光源越来越多，也是原因。如果是后者，我希望看到一个欧美发达国家的数据，以相比较。因为他们的城市化比我们更早，那么，他们的孩子，近视率又如何？

在 2012 年，我留心过我班上的学生，一个班 55 个孩子，只有 7 个人不戴眼镜。我还留心过一本叫《当代中学生》的月刊，他们 2011 年的 12 期封面人物中，只有一个女生不戴眼镜。

我们在家里不看电视，菜虫也很少玩电脑，很少玩 iPad，那么究竟是怎么回事呢？我总觉得此前我的疏忽也是原因之一。正因为轻视了，才导致菜虫近视。这是我很久不能原谅自己的地方。

如你所知，近视了，会带来许多不便。我多么希望菜虫能毫发无损地长大到他的青春期啊，然后肆无忌惮地去运动、去恋爱、去挥霍青春。现在，都要打一定的折扣了。比如，他踢球和打球会有很多不便。即便可以用隐形眼镜，但毕竟不如原装的好啊。

但我们只能悲哀地接受这个既成事实，然后以各种理由来安慰自己。但无论如何都无法无动于衷，对自己没有责怪。

而其实，我无能为力的，远不止上述内容。只是我们不能预先就将之推诿给这个无法自外的时代。这样，你的所谓坚定信念，你的所谓见招拆招，又有何种说服力？

《头脑特工队》与儿童的情绪管理

奥斯卡颁奖结束，我向菜虫表示了祝贺。2015 年一起看过的动画片中，菜虫一直认为《头脑特工队》是最好的，所以《头脑特工队》获得奥斯卡最佳动画长片奖，我认为同时也是在奖励菜虫的审美判断力，是以要发去贺电。

关于这个动画片，确实有很多可以探讨的地方。菜虫在影院看过之后，立刻喜欢上了，于是又去电影院看了一次，之后在家里看下载的视频不知凡几，熟悉到几乎能将台词背出来。这段全家看《头脑特工队》的时间，我们平时的对话也会有很多和电影有关的隐语。菜虫及虫爸，都从这部片子获益良多。

要是你觉得看了这部电影史上的首部心理动画巨制，我们全家人都学会了自我情绪管理，那可就大错特错了。菜虫原来易于在父母面前发飙，看了电影后还是容易发飙。虫爸任何时候都易于发飙，看完还是继续发飙。

但必须说明的是，尽管没什么效果，我与菜虫也尽力学习管理情绪。尤其是我通过反思意识到，菜虫的发飙无非是对虫爸的模仿。

每一遍看《头脑特工队》菜虫都会整场狂笑。这是个喜剧片，菜虫没有错过任何一个笑点。当怒怒头顶喷着火，怒烧玻璃窗救回了乐乐时，我被制作者的脑洞惊呆了。菜虫则觉得这是全片最为爆笑之处，每次镜头即将到来就开始提醒我“爸爸，你看，你快看”，生怕错过。

但接下去，菜虫就开始提出研究性的问题了。比如，在所有情绪小子的造型中，为什么唯有忧忧是蓝色的，并且只有她戴眼镜？当菜虫提出这些问题时，我都差点被问倒。幸好还有万能的豆瓣，上面有很多这个电影的幕后花絮。比如，蓝色是忧郁的颜色，忧忧造型的原型是一滴泪，等等。家有刨根追底的研究型小子，对于爹妈来说，也真是教学相长啊。

但毕竟这是一部心理电影。如果电影看完，我们没有对自己的情绪有更多的了解，那么观影的意义何在？当然，我反对寓教于乐，也反对文以载道，反正就是反对那种将自己看作启蒙者，想要居高临下教训他人的姿态。就《头脑特工队》而言，这个电影的主要功能当然在于娱乐——买票看电影，图个乐子嘛。若这个电影在娱乐之外还有附带效应，含有教育价值，也仅仅是我与菜虫所观察到的部分。而我想讨论的，也是这个部分。

当然，心理情绪并不像电影呈现的那么简单。如果一个动画片能解决你全部的情绪管理问题，那就不是动画片而是神剧了。但作为动画片，如果目标对象是 8 到 12 岁的孩子，那么这个电影对情绪的简化设置完全可行。事实上，正因为简化了这个设置，使得我与菜虫可以就这个电影进行对话。

第N次看完这个电影的晚上，我们一家三口吃晚饭，大概因为有什么要求一下子没有满足菜虫吧，他开始挑三拣四，无事生非，寻衅滋事。要是放在往日，我一般采取两种态度；第一种是无原则同意，这限于我情绪比较好的时候；第二种，若是我本来情绪不好，就先是忍，忍不住就最终发飙，于是矛盾激化，父子冲突。最后爸爸遭到妈妈严厉指责并弹压。

那天晚上，我跟菜虫又爆发了冲突。遭到虫妈弹压后，菜虫拿一本介绍心理学基本知识的小册子，指着里面青春期的内容说，青春期就是要叛逆的。我说你还没到青春期。菜虫说，是你在青春期。好吧，原来如此。菜虫很小的时候就说过，爸爸妈妈不听话，爸爸妈妈就变成了捣蛋鬼。真是太对了，这个逻辑以孩子的立场来看，完全成立。

可是我刚看过《头脑特工队》，事情就不能这样处理了。因为我知道，这个时候菜虫脑子里的厌厌或者怒怒，已经掌控了控制台。而我呢，也是厌厌或者怒怒掌握了控制台。于是我冷静下来，跟菜虫说：菜虫，刚才，是不是怒怒在你脑子里掌握了控制台啊。菜虫一听，不由得羞涩一笑，就不太好意思继续寻衅滋事了。

不过，亲子关系中更明显的事实是，我们指出孩子脑袋里有怒怒的时候，经常忘掉自己脑袋里也有怒怒或厌厌。因此父母的自我反思，当然比指出对方的过错更重要。说真的，学会情绪管理，真是一件好难的事。因为情绪之所以是情绪，就是因为它们是直接的生理反应，靠阅读提高自身修养对于情绪管理来说，能起的作用实在有限。

菜虫的情绪偏向，当然主要由我塑造。我观察菜虫的情绪表达方式，很多时候会很内疚，因为在我不稳定的情绪的影响下，他沾染了很多不好的习惯。比如，克制。菜虫很会克制自己。每次我看到他总是克制自己而一点也不任性的时候，我都觉得很心痛。我希望他能任性，最好是个拆天大虫。我很久之前看过一个帖子，标题是，你爸爸妈妈一辈子努力，无非是希望你可以任性。但因为我身上有太多“克己复礼”的遗留，不知不觉也传到了菜虫身上。早在幼儿园时，菜虫跟人家一起排队荡秋千，别人在上面能荡很久，完全不管后面孩子排队着急；而等到我跟菜虫荡秋千，明明菜虫还想荡，我就会考虑后面孩子在等，常常建议菜虫早点下来。每次想到这个，我都觉得亏待了菜虫。不过，好在我去接菜虫的傍晚，往往是我无所事事的傍晚，我与菜虫能在幼儿园玩各种玩具，等到小朋友全部走完，我就与菜虫独霸秋千，悠哉荡哉。

而我遗留给菜虫最糟糕的一面，实在是我最难以启齿的部分。如果说菜虫易于发飙，那么，这些突然翻脸、不能控制自己情绪的部分，完全来源于我。我希望将来有一天菜虫有能力自我认识的时候，能原谅他的爸爸。这个号称一生都在学习做父亲的爸爸，其实最善于表演，把自己最糟糕的一面隐藏起来，而把光鲜亮丽的一面表露出来。每次想到这点，我都难以自制无法原谅自己。菜虫八岁的某天一天，突然跟妈妈说，爸爸以前很坏的，经常对我大喊大叫。当虫妈把这句话转述给我的时候，我不知道该如何表达难受与愧疚。当然，我知道我情绪管理的困难其来有自，但是世界上我所最爱的这个小人，我竟然也用自己最坏的一面去伤害他。这是难以自我原谅的部分。

那一年我在上海，去了蒲蒲兰的上海店，别的书都没买，买了《大嗓门爸爸》和《大嗓门妈妈》回来，回来跟菜虫一起读。菜虫很开心，觉得好笑。当然他不知道爸爸这么做是为了向他表示歉意。另外，《大嗓门妈妈》的故事，我们家是不存在的。虫妈对谁都可以不温柔，唯独对孩子没有一句重话，她对菜虫最严厉的指责是：菜虫，你再怎么怎么，我要批评你了哦！好像“批评”这个词是大规模杀伤性武器一样。当然，自从菜虫上小学后，虫妈也失控过，必须揭露一下。

情绪管理是既重要又艰难的一件事。我从来没有做好过，却又要在每日的摩擦中与菜虫相处。《头脑特工队》其实真不是拍给孩子看的，不是要让孩子学会情绪管理，而是拍给父母看的，要让你知道懂得孩子有多难，孩子的世界是多么独特；更让你知道，懂得你自己是多么艰难。懂得你自己，战胜你自己，用你自己的力量，在你自己身上战胜那些来自传统、来自家族、来自基因的难以自控的人性幽暗面的残留，从而给孩子一个更加单纯、更加具有安全感的世界，该是一件多么需要英雄主义精神的严肃任务！

因为你永远做不到，所以你永远在路上，永远有后悔与愧疚，但你永远希望自己能慢慢成为一个更美好的人。

而我另外有一个奢望，就是希望今天涂鸦在这里的呓语，能够保留 20 到 30 年，等到菜虫也到我这个年龄，或许更早一点，有能力自我认识的时候，能看到这段话，知道他的爸爸为了战胜自己，为了给他更单纯又更丰富的爱，也曾经努力过。

当然，有一点我还是沾沾自喜的。虽然情绪的自我管理不太好，被菜虫叫作“翻脸王”，但无论经历了什么事，冲突也好，翻脸也好，悲伤也好，狂怒也好，我们都会坦然地跟菜虫说，爸爸妈妈爱你，而且这种爱是无条件的、无原则的、永不停歇的。

为什么上情绪管理课的小鸟都没有家人？

第二次看完电影《愤怒的小鸟》回来，吃晚餐的时候，菜虫冷不丁问了妈妈一个问题：为什么电影里去上情绪管理课的鸟都是没有家人的？

好吧，我承认，这个问题把我惊呆了。

我原本以为这个动画片根据电脑游戏改编，无非是一个闹剧或者笑剧，不用过脑子，看完哈哈一乐，回来再重温几盘游戏，如此而已。但是菜虫居然问出了这样的问题，委实叫我惊喜——事实上，我自己都没往这方面想，这个熊孩子，还真有自己的想法。

这是菜虫第二次看这个电影，跟另外几个小朋友一起去的。跟小朋友在一起的时候，他们也有话题讨论，无非是这个是什么鸟之类，和 iPad 游戏一一对应。这自然也是很有意思的讨论，因为小朋友们都玩过这个游戏，我也玩过，还在手机上将之打通关。不过我还真没想到菜虫会问出这么有意思的问题，令人大吃一惊。

故事的情节是这样的：有一个鸟岛，所有的鸟都过着温文尔雅的鸟生活，鸟与鸟之间彬彬有礼，就连过鸟道都有鸟警察指示，总之是一个理想国一样的环境，但其中有一只叫胖红的鸟，经常会生气发飙。胖红的职业是快递小哥，有一次送货迟到遭到了顾客的投诉，于是被判罚去上情绪管理课。

在情绪管理课上，胖红遇到了另外两只控制不了自己情绪的鸟。一只是迅捷鸟，一只是炸弹鸟——炸弹鸟其实叫大红，他会在不知道什么状况的情况之下突然爆炸，有一次连心理辅导教室都被他炸掉了。

菜虫的问题就在这里，为什么来上情绪管理课的三只鸟，都没有家人？从后面的情节我们获知，这三只鸟都是孤儿。

菜虫的问题之所以引起我的惊异，是因为这个问题是儿童心理学的一个基本问题。有数据表明，多数儿童的心理问题都来自有问题的家庭。十岁的菜虫同学自然没有学过心理学，但他对电影观察的视角居然超过了他自负的老爸，不能不令我惊讶进而惊喜了，并且也促使我从更深的层面，去重新思考这个电影。

心理学上认为原生家庭很重要。一个较为正常的家庭，孩子的情绪管理与表达也会比较正常。因为家庭会给孩子爱、共情、接纳，让他们在家庭里享有足够的安全感。这样的孩子不必专门去上关于情绪的专业课，他情绪管理的能力也会比较强。因为他的爱不匮乏，安全感不匮乏，成就感不匮乏。这样的孩子会比较阳光自信，甚而呆萌。总之，基本上不会在情绪上走极端。

胖红是个孤儿，他自己建造的小家远离村落，孤单地伫立在海边。可以看出来，胖红在这个他的社群中一直受到某种歧视。因而，当胖红因为外界不可抗力导致快递迟到而遭受指责时，他的愤怒情绪里其实混杂着过去很多被歧视的因素，而不单纯是迟到这件事。这就如同我们看待孩子，很多时候孩子的极端情绪，都有其深层的原因，智慧的父母需要去理解这种情绪背后隐藏的东西，从而更好地理解孩子，接纳孩子。正如我们认识到的，孩子发飙时父母首先要做的，不是去制止，更不是去针尖对麦芒，而是去接纳：嗯，孩子，爸爸妈妈知道你很生气。

但胖红是一个孤儿，鸟岛的法官也只是法官，不是智慧父母，他很粗暴地判定胖红应该去上情绪管理课，这属于治标不治本——在最根本的心理问题解决之前，什么鸟情绪管理课程都像是一种刑罚。

事情转变的契机是绿猪入侵事件。绿猪用欺诈的方式，骗取了鸟岛居民们的信任，在一个狂欢夜偷走了所有鸟蛋。在此之前，只有胖红和他的小伙伴——他们都是问题小鸟——才有先见之明。为什么他们能识破绿猪的骗局呢？因为他们不安分，敢于怀疑，喜欢冒险；而这些不安分的品质，在一个温文尔雅的鸟岛原本是最不受待见的坏习惯。

鸟岛居民决定出征猪岛，抢回鸟蛋。依靠什么？愤怒。也即是说，在前面被视为负面情绪的愤怒，这里成了战斗的最大动力。而先前被认为是麻烦制造者的三只被判去上情绪管理课的小鸟，成了事实上的领袖，并在逗逼神鹰的帮助之下，取得了鸟蛋争夺战的胜利。

那么，这个情节寓意又何在呢？

我以为这个寓意就在于，你只要成为你自己就可以了。是其所是，如你所愿。最成功的人生，不是你成为众人仰望的英雄，而是成为最好的自己。因为人皆仰望的英雄，比如电影中的神鹰，其实很可能只是个自恋狂而已。对英雄不切实际的希望，总会被无情的现实击得粉碎。自己的生活，需要自己去捍卫。

胖红做到了。他与另外两只问题小鸟一起，带领鸟岛居民夺回了鸟蛋。那么，转变的契机在哪里呢？在于这场战争使胖红认识到并接纳了自己的愤怒特质，他有了一个可以用在合适地方的机会，进而实现了他自身的价值。

在一个温和的鸟岛，愤怒被看作负面情绪。而问题在于，任何一只鸟的情绪都是多面而丰富的，正常的社群，需要有各种情绪得以疏通的管道。一只以愤怒见长的鸟，不必因为自己的愤怒而自以为有罪——其实，他只是没有将情绪释放在适当的地方而已。得其所哉，便能尽其所长。这也是我经常说的一句话：你的所谓缺点，恰恰是你的特点。

接纳自己的情绪，认识自己的特质，成为最好的你自己——这是这一次我在菜虫的启发下想到的对这个电影的最终阐释。当然，践行的层面，我们与孩子，还有很长的路要一起走。

暴力不是教育，是野蛮

几年前，我刚开始用微信，被一个记者朋友拉进一个家庭教育的群。忽一日，这个群里开始聊可不可以打孩子这个话题。也许是我少见多怪，瞬间惊呆了，因为群里的核心意见瞬间被定格为：关键是看以什么出发点，在什么时候，以什么样的方式打。

恕我愚钝，一直以为时至21世纪第二个十年了，为人父母者的家庭教育观念，自也能与时俱进，居然这个群里，还有这么大量的家长赞同打孩子，真令我义愤填膺。我回复了几句，关于不能打孩子是常识、暴力可以传递之类，于是就被围攻了。我的错愕无以言表。

但我想，我不能无偿地教你们变聪明啊，于是就退群了——所以，很久之前，我就知道，知识是需要花钱买的。至少我不想耗费时间精力跟一些毫不相干的人扯皮。因为人生有限，时间是最为宝贵的东西，除了用来做自己最想做的事，另外的时间，真的寸金难买寸光阴。所以，浪费别人的时间，就是谋财害命。

我的这些基本观念，比如在家庭生活中如何与孩子相处，其实是在不断变化的。我2006年初为人父的时候，跟现在相比其实已经有显著不同。但这个不同不是基本观念上的，而是在一些细节与实操上。基本观念在30岁之后定型就不会大变。比如不能打孩子，这是最基本的底线，如果连这个底线也不能守住，那么我们真不能做朋友，还是彼此拉黑吧。而在具体细节上，我的认识慢慢更为细致深入，总是希望自己保持无知和饥饿的状态，以便不断学习进步。

今天来写这篇家庭中的暴力问题，其实跟最近本地发生的一件事有关。一个朋友刚读初一的孩子，最近被班里某个任课老师体罚了。这位老师经常打孩子。这还是本地一所名校。事情仍在发酵，后续如何，尚不明朗。这件事也令我错愕，总以为文明至今，校园里老师对孩子的暴力，也应该已经绝迹了，尤其是城市的学校，家长怎么可能容忍？但这件事，竟然就是一个事实。

我就想，暴力这个东西，真是根深蒂固，想要从教育中驱除出去，还真是蛮难的。我们这一代，自小是被老师家长的暴力驯化长大的，所以一部分人深信这个世界不是平的，而是被摆平的，而要摆平这个世界，除暴力之外，别无他物。当然，也有一部分人，长大之后有了理性，便自知暴力的遗留，想要在自己身上终结暴力的传递。有这种自觉的想法很可贵，但其实也蛮难的。

回想自己做父亲的11年，现在则选择做一个将跟孩子在一起玩为职业的人，我也经常反思自己的言行举止，思考如何成为一个有原则、又可亲近的中年男人。虽然是教师出身，但我常把自己当作一个服务者。当视角变化之后，我们会发现，观点也随之发生了变化。

比如，2012 年开始，我有机会跟与菜虫同龄的孩子长时间接触，和他们一起读绘本。这是我第一次接触十来个跟菜虫一般大小的孩子。这个过程特别有意思，我突然见识到跟菜虫完全不一样的孩子。我发现每个孩子身上，都有他们父母家人深刻的烙印;每个孩子，都是他们父母的镜像。父母的教养，不折不扣，一丝一缕，都表现在孩子身上。比方说，我发现一个孩子经常违反规则，规则对他来说完全不存在。这里所谓规则，就是事先说好，大家都同意遵守的准则。我就联想到，他是不是也曾多次遭遇家长不尊重约定的情况。后来在一些亲子讲座中，我也碰到家长提问类似的问题：为什么我的孩子轻易反悔，说话不算数？有一次，我提醒一位妈妈，你是否经常违反对孩子的承诺？家长默然。

打人的孩子，其实很可能是他也曾经被打。有一年做冬令营，我就碰到一个习惯用暴力解决问题的孩子。起初我很奇怪，为什么大家都说好了要有规则，无论就餐还是就寝，有条不紊，怎么这个孩子就习惯用暴力呢？后来听这个孩子的朋友讲，他在家里也经常被父亲打。我还记得，冬令营结束，我们在回来的大巴上聊天，大家都在期待爸爸妈妈到停车场迎接。只有这个孩子说，我爸爸妈妈不会来接我的。果真，车到停车场后来接他的，是他的叔叔。于是我对他为何使用暴力，就有了很深的理解。其实，这个孩子渴望父母的爱，却并没有得到满足。

碰到这样的孩子，我作为服务者，所能提供的其实也有限，毕竟营队只有五天左右，帮助并不大。所以最重要的还是学校教育和家庭教育，这两者如果都能抛开暴力，则善莫大焉。在学校教育中，暴力自然是不能容忍的，因为暴力完全违背了教育的本义。即便从家长的心态来讲，也是不可以接受的——你倒是来揍我孩子试试!

而在家庭教育中，很多家长却误以为暴力也是一种教育方式，并且是一种豪放派的教育方式。这样的理解何其糟糕。首先，诉诸身体的暴力，是对个人权利的粗暴侵犯。这个行为背后，有着深刻的观念差异。我们中国的宗法传统是，我生养了你，自然可以揍你。而纪伯伦却说，你从我而来，却不是属于我的。前者认为对孩子拥有所有权，后者认为生命自有权利，区别在这里。

教育的本质应是非暴力的。为什么暴力是教育的失败呢？因为施加暴力的一方，往往是情绪失控的一方。暴力是非理性状态下的一种行为，而教育，是一种理智的行为。

最后，关于家庭教育中的暴力问题，其实归根到底，不是教育的问题，而是成年人如何自我战胜的问题。家庭内部对于孩子的暴力可以分为两类，一是肢体暴力，就是打孩子，这当然非常不好；另一类是语言暴力，语言暴力的侵害，未必比身体暴力更轻。

而终止这种暴力，归根到底需要一个东西，就是不断提高自己的认知。提升自己认知的动力在于，正确地认识亲子之爱。

必须承认圣诞老人存在的事实

夜又深了，欢乐了一天的小朋友睡着了，睡前特别叮嘱：圣诞树上的彩灯不要关，留待圣诞老人来关。他还给圣诞老人留了便条：请把礼物放在树下，走的时候把彩灯关了。离开他房间时我问他：你确定圣诞老人认识中文？小朋友的回答很笃定：全世界的小朋友都在给圣诞老人写信，他肯定各国文字都认识的。

我乐意他相信圣诞老人存在，不管他相信到几岁。因为，相信有圣诞老人的存在，其实也相信一种美好的愿景，没有从我们的生活中消亡。这是一种人性的基本共识，就像我们可以有各自不同的主张，但这些主张里有共通的东西：我们希望和平，希望公正，希望明天会更好……总之，抱有希望。

就像在一战中那场平安夜的大 Party，大家放下了武器，共享这个美好宁静的夜晚。还有里根总统讲过的那个真实故事：美军与德军，几个士兵一起分享了晚餐——这才叫平安夜。

正如雨果那句名言：在绝对正确的革命之上，还有一个绝对正确的人道主义。这些都不仅仅是漂亮的说辞，更是践行在我们日常生活中的价值。人，是唯一的理性生物，人之为人，最本质的地方就在于他会思考，究竟怎样的人生是值得过的，是我们终其一生所要追寻的。我们这些父母，每日奔忙，所为何来？以前白宇极兄说，阿啃兄所有的努力，无非是为了过上正常人的生活。我想补充一句，我们的努力，还为了一点：捍卫孩子们做梦的权利。无论这个世道如何，你用怎样愤激的话语去形容，但当我们面对孩子，我们仍要给他们一个大大的笑脸，告诉他们，这个世道，你的梦想，只要你坚持，一定会实现的。

这就是圣诞老人必须存在的理由。

而今晚，这个平安夜，并不是很平安的一个夜晚。孩子们都已进入梦乡，我们仍在微信群里讨论各种消息，纷至沓来的，忧喜参半的，甚至是扰人心意的。至少有一点，那些秉持同样梦想的父母，我们还在一起，不断彼此发现，在寒冷的冬夜，相互取暖，更重要的是，彼此照亮。

我在半夜里静下来，整理翻看自己的旧文章，有时还真不知道自己那种浅薄的乐观该何去何从，而你所捍卫的“孩子的不知情权”，又将在何时，被现实击得粉碎！

窗外有雨，什么时候我们开始喜欢下雨了呢？因为雨水能带来较好的空气。我在已经枯坐了十年之久的北窗之下，盼望雨水更多一些，更大一些。哪怕只是暂时的。没有办法根治雾霾，也能让人暂时放心。

什么叫放心，就是让一颗悬着的心，归其本位。可是又是从什么时候开始，我们的心不在本位了呢？担心空气，担心水，担心牛奶，担心圣诞节无缘无故消失。如果一个地方连让人安心的

我乐意他相信圣诞老人存在，不管他相信到几岁。因为，相信有圣诞老人的存在，其实也相信一种美好的愿景，没有从我们的生活中消亡。这是一种人性的基本共识，就像我们可以有各自不同的主张，但这些主张里有共通的东西：我们希望和平，希望公正，希望明天会更好……总之，抱有希望。

可能都没有了，我们为什么还要爱这个地方？矛盾就在于，你仍爱这个地方，当碧天如洗，阳光明媚，你还是抑制不住内心的喜悦和热爱，狂晒朋友圈。这就是爱本质的地方，爱没有理由。你爱自己的孩子，如同你爱这个地方。

有一次，我在一个地方高校演讲，有个大学生问我，你老是批评中国教育，那么你为什么不移民？嗯，这个问题使我很难堪，我真不忍心直说她的脑子是一团糨糊，因为对于基础教育有深刻的认识，我非常清晰地知道她的这些想法所从何来。于是，我笑着跟她说：贫贱不能移。

其实，关于这个话题，不同的人有不同的回答。比如，早发财早移民，或者是把孩子移出去。我尊重人们各自的选择，而我自己呢，没得选。

但是没得选也是一种选择。就像我说的，中年人需要在专业范围内将小事做到极致。有一些不在我专业范围内的事情，可以关注，但不需要评论。我这不是不负责任地说是非公道自在人心。这句话属于典型的鸡汤。是非公道怎么可能自在人心呢？如果信息得不到充分流通，所谓的“是非公道”，是被信息供给垄断的。

愚蠢往往来自对信息的隔膜。要命的是，信息也需要人有能力才能采集、筛选——这就是审辨式思维之所以重要的原因。

有的人忙于炮制心灵鸡汤，有的人希图从纷繁复杂的世界中寻找恒定的价值。这种恒定的价值里，有一种可能便是，无论哪种世道，都怀抱对未来的希望。

有些东西我们无能为力，有的东西我们以一己之力尚可抵抗。比如我们保护孩子做梦的权利，我们与孩子一起期待圣诞老人的来临。西蒙娜·薇依说：人的生命是卑微短暂的，生活不可避免地充满荒谬，而人拥有的最大特权是，我们处在爱恰恰可能之处。爱的可能性，高于恶的现实。

这句话深深地打动了我。或者说，我也曾写过类似的句子：唯爱与美传之恒久。爱与美，看得见，摸得着，像圣诞老人一样真实——圣诞老人从不违反他的承诺，爱与美也永远在你可以企及之处。

今晚，我在暗夜里沉静，忧从中来，又复归平静。我遐想，发呆，读诗，读到朋霍费尔写于1944年圣诞节的诗歌，当时，他在纳粹的集中营里。

……

若你给我们递来沉重苦杯，
满溢着忧愁痛苦的苦杯，
主啊！从你良善恩慈的圣手，
毫不颤抖心存感谢领受。
主啊！若你愿意再赏赐我们，
世上欢乐以及阳光亮丽，
让我们纪念过去美妙岁月，
把我们生命完全交托你。

今天请让烛火温暖地燃烧，

是你带给黑暗中的我们，

或许这会引领我们再相聚，

明白你的光在黑夜照耀。

再见杰森，我在多年以后感谢你！

杰森·西弗，《成长的烦恼》中最可爱的爸爸，心脏病突发去世，享年69岁。

《成长的烦恼》首播时，我读高中，这大概是我所追的最早的美剧。杰森，我很记得他太太叫他的声音——这声音仿佛还在我耳边。这位好爸爸，本名艾伦·锡克，一度是我们这个年龄的观众对父亲的最好想象，同时也对生于美帝国主义家庭的小青年迈克充满了羡慕。

后来，我们都成了父母。我与虫妈一起讨论育儿时，居然很多次谈到这部我们年少时追过的美剧。或者换句话说，我们想要的家庭，可能一定程度上，也有这部剧的影子。

不久前杰森去世了，死在与儿子打冰球的赛场，我觉得这个死法，跟他扮演的那位和孩子们水乳交融的奶爸，很搭。杰森死得其所，阿门。

前段时间，分答上曾有人问我，夫妻俩的育儿理念不同怎么办？

其实，这个问题，我想反问一句，那么，你们当时怎么就结婚了呢？因为教育观就是三观的核心部分呀，你俩三观不合，怎么会去结婚呢？

这一点，我跟虫妈还比较一致。我俩认识的时候，都已经年纪不小了。但我其实还没有走出害怕婚姻的心理阶段。好在，最重要的一个原则，就是三观基本一致，这个原则，是守住了的。是以，十多年来，在对菜虫的教育上，我们基本上没有大的分歧。对孩子嘛，如我的一位朋友所说：要深爱，请溺爱。

对儿子，虫妈享有“天下第一宠”的美誉。举个例子，菜虫上一年级之前，虫妈从来没有跟菜虫翻过脸，说话温柔，轻言细语，与跟她自己的妈说话恰成反比，也与跟虫爸说话语气截然不同。她对菜虫最严厉的指责是一句话，当菜虫涎皮赖脸没有节制的时候，她假装很生气地威胁：菜虫，你再这样，我要批评喽！

天哪，批评，多么可怕的词汇！大家听听，批评！！好严重好严重耶，这相当于天要塌下来了吧，或者，至少狂风暴雨了吧！

每次虫妈这么说完，我都在边上不说话，镇静地围观，以观后效。果然，跟你想的一样，菜虫完全跟没听到一样，继续涎皮赖脸，继续没有节制。于是，虫妈展颜又笑，前面的怒火化为乌有。

当然，从跟孩子的话语方式来讲，这是最无用的话语方式。不过，初为父母，我们还没读过《如何说孩子才肯听　怎么听孩子才肯说》嘛。做父母，就是一生都在学习，有进步就好。

其次，因为只是威胁而从没有惩戒，所以菜虫压根儿不放在心上，于是完全失效。所以，慢慢的，我们变换了话语方式。

关于虫妈为什么会这么温柔呢？其实有很多原因。比如，希望孩子不要掉入爱的匮乏。这是一种对自我童年的补偿。我也是如此，所以有一次我跟粲然说，其实，我们这代人做父母，还是很用力，乃至过于用力，太着形迹。做父母，难道不该是一件出乎天然、自然而然的事吗？为什么不同的父母，所思所想各不相同，而焦虑却如出一辙呢？过于用力这件事情，也令我挺纠结的。

我和虫妈都是70后，三观初步定型乃在1980年代，刚好是黑白电视机向彩色电视机转变的过程。又刚好解冻，译制片进来，看了一堆。虫妈有一次跟我说，她最喜欢的情景剧就是《成长的烦恼》。

其实我们现在对菜虫的一些做法，很多来自《成长的烦恼》。比如家庭大环境的民主，比如每天在一起吃晚餐，比如在家庭里很注重约定，诸如此类。最核心的一点，便是，爹妈都不是家里的绝对权威。

家庭其实也有政治，受到两种因素的影响，一个是国家的政治结构，一个是社会的文化观念。所以儒家那一套家国天下的观念，在当下现实中失去了实用价值，就在于这个系统是跟专制王朝相契合的。而我们当下，从每个人的人心而言，都已经发生了深刻的变化。一个年轻时代看了很多译制片、情景喜剧的妈妈，她对待儿子怎么可能是一个全面掌控一切的虎妈？

听说演杰森医生的演员去世的时候，我竟然颇有些伤感。我要纪念他，因为他做父亲的样子，成了我现在学习的对象之一。尤其是他被小儿子本抢白，只好以耸肩的方式自我解嘲，于是，我就能接受菜虫对我的任何抢白。

当然，远在异域的他们，无论从演员还是主创都不会想到，一个商业片会对地球另一端一对70后父母的育儿观念有这么深远的影响。

这个影响最核心的一点在于，我们开始享受亲子相处的时光，视之为生命的馈赠，而不再将孩子看作养老的工具，实现父亲遗志的工具，光宗耀祖的工具……

当然，菜虫其实无感，如他自己所言，因为每天跟爸爸妈妈在一起，他也没觉得有什么特别的。而虫爸虫妈自己呢，也一直在跟身上那些潜移默化习得的威权啊、控制啊什么的做斗争。比如，前段时间刚读完《孩子是个哲学家》，在第70页读到一句话：当一切都运行良好，我是一个无政府主义者和一个自由主义者，但是当事情失去控制，我便选择阻力最小的路线：专制。

读完这一段，我自嘲地干笑了几声。

第5章

读厚厚的书，
是为了跟你说浅浅的话

《云朵面包》所改变的生活

在读《云朵面包》前，我家里是没有面包机的，也没有烤箱。后来，就有了各种榨汁机、发酵机、烤面包机、酸奶机，诸如此类。虫妈从无到有，一件件置办起来，厨房电器一时蔚为大观。其实，这都是从这个绘本开始的。

大概菜虫两周岁多一点的时候，杨庆阿姨从苏州给菜虫寄来了这个绘本，理由是，这是杨庆阿姨最喜欢的绘本。我们现在买这个绘本，里面夹着一页导读，就是杨庆阿姨写的。喜欢一本书，就给它写一个导读，再买来送给一个小男孩，这是一种爱书的方式。后来，我喜欢《活了 100 万次的猫》，也买过好多，送给一些大人小孩，也是这个意思。

《云朵面包》的故事是这样的，一个韩国家庭里有兄妹两个，下雨天的早晨，他俩早早地醒来了，因为预感到这天会有什么奇迹发生。果然，他们穿着亮晶晶的雨衣和雨鞋出去，在树枝上发现了一朵被挂住的小白云。他俩就把小白云捧回家，妈妈把小白云放在大碗里，加上面粉、糖、牛奶，然后放进烤箱，烤起云朵面包来。神奇的事情果然发生了：吃了云朵面包，大家身体都变轻了，像小白云一样飞了起来。

这个绘本最奇妙的地方其实不是这个匪夷所思的故事，而在于它的构图方式。它的画面是由剪贴、手工、纸艺等构成部件，然后用摄影完成的。我们知道多数绘本是画家画出来的，由摄影而成的作品，在我视野内并不多见。

因为这两个独特的地方，这本书很使我惊异。菜虫也很喜欢，这是很少的菜虫翻到书脊脱落页码残缺、重新再买过的几本书之一。

两岁多时，有好几个月，菜虫只喜欢这个绘本，每晚必读。妈妈问，菜虫，明天早上吃什么啊。菜虫说，云朵面包。菜虫要吃的这种云朵面包，其实是爸爸妈妈从一个叫“新天烘焙”的蛋糕店里买的，当时新天烘焙里有一种小圆面包，金黄色的，顶上略略有些烤焦，跟绘本里的几乎一模一样。后来菜虫吃腻了，妈妈问，菜虫，明天早上吃什么。菜虫说：乌云面包。这是菜虫发明的词语。举一反三嘛，小朋友不错啊！于是爸爸妈妈很满意。而且，乌云面包也难不倒爸爸妈妈，因为新天烘焙里有一种小圆面包是巧克力味的，颜色黑黑的，不就是乌云做的嘛！

不过呢，总买外头蛋糕店的，不是长久之计，于是虫妈买了一台面包机，兼有和面、搅拌、发酵之功能。这个面包机功能复杂，有很厚的说明书，虫妈花了足足两个晚上才研究了个大概。但这下就好了，生活变得很简单：要吃云朵面包，有，白面和一下就有了；要吃乌云面包，有，和面时加入巧克力粉，又有了。

忽一日晚餐时，我与菜虫吃着米饭，虫妈边喝着一大碗南瓜绿豆汤，突然说，菜虫，你想吃晚霞面包吗？我闻言大惊，晚霞面包如何制作，虫妈你这不是自找麻烦吗？而虫妈看上去胸有成竹。

这年秋天，南瓜成熟啦，老南瓜又甜又嫩又粉，虫妈很爱。忽一日晚餐时，我与菜虫吃着米饭，虫妈边喝着一大碗南瓜绿豆汤，突然说，菜虫，你想吃晚霞面包吗？我闻言大惊，晚霞面包如何制作，虫妈你这不是自找麻烦吗？而虫妈看上去胸有成竹。好呀好呀，菜虫连声应答。那明天给你做哦，虫妈说。原来，虫妈将老南瓜煮成泥加入面粉中，搅拌发酵，其色金黄——这不就是晚霞的色彩吗？

我们生活在江南，自然以大米为主食，但因为《云朵面包》这本书的缘故，菜虫也爱吃面食。从云朵面包，到乌云面包，再到晚霞面包，只要妈妈能做出来，并发明一个说法，菜虫就爱吃。这是故事的力量之一。

故事中这对韩国兄妹在雨天的清晨出门，穿着亮晶晶的雨衣和雨鞋，看上去很神气的样子。于是虫妈在淘宝上找了好久，也给菜虫买了一套亮晶晶的小雨衣和小雨鞋。从此，菜虫天天盼着下雨，这样他就可以穿着雨衣雨鞋，去水洼里踩水啦，弄到水花四溅，多好玩，说不定，还能捡一朵小白云回来呢。不过，每次踩水回来，菜虫都空着手，我问他，菜虫你捡到什么没有？没有。菜虫憨厚地回答。

有一年的双11，淘宝打折季，虫妈终于瞄准了一只烤箱，及时下手，以超低价购回。在《云朵面包》这本书里，面包就是从烤箱里一个个飞出来的。至此，道具完全齐备，云朵面包的故事，按照剧本完全以实景的方式演一次也不在话下啦。不过呢，烤箱第一次到家，烤的却不是云朵面包，而是番薯。这恐怕也是中国特色吧。嗯，还有一个问题，吃了面包以后是会飞的，那菜虫怎么飞起来呢？这就要靠爸爸的人力资源了。吃完面包，我把菜虫横抱在双臂上，让他张开双手，说，飞啦，于是我从客厅这一头跑到那一头，然后又跑回来。再飞一次再飞一次。菜虫要求道。于是，不到大汗淋漓，这个熊孩子我就放不下来……

不过呢，这段读《云朵面包》的时间，家里的沙发靠枕可遭了殃。菜虫有一次拉开靠枕的拉链，发现里面白色的腈纶棉絮，高兴坏了：哇，我家有好多小白云！菜虫把天线宝宝拉拉也拆了，也是白色的腈纶棉絮。菜虫激动地把小白云撒得满地都是。妈妈责怪他，菜虫，别拆了。我在找小白云啊，菜虫回答说。

从绘本阅读到文字阅读

菜虫四岁时，有同龄孩子的妈妈跟我说，虫爸，你是语文老师，你们家孩子肯定已经认识很多字了吧。我自豪地告诉她，是啊，认识一个了，就是“中”，麻将“中發白”的“中”。因为虫爸打麻将，菜虫在边上看，就学会了。

我从没有刻意让菜虫认字，因为功利性的认字是没有价值的。为了跟上小学阶段语文学习的枯燥认字，对孩子的认知发展并无裨益。按照规律，只要等菜虫对文字有敏感了，我们再水到渠成开始认字，并不会太迟。

所以，直到菜虫读一年级，他仍是“文盲”。不过，他虽不识字，词汇量却很丰富，而且菜虫的用词习惯，书面语远远多于口语。这些我都知道，是我与虫妈多年坚持给他读书的结果。我们与菜虫共读绘本的历史，从他一出生到现在，与他的生命一样长。睡前时光，不论身处何地，旅途还是客居，睡前故事一定不可少。

菜虫的绘本趣味，自然也是被我和虫妈塑造的。我偏向于热闹、幽默、恶搞，总之是好玩的绘本，菜虫也是如此，像李欧·李奥尼那样比较诗意的，菜虫就不是特别喜欢。他喜欢大卫·香农、约翰·伯宁罕、大卫·威斯纳这样的，最好超级搞笑。《迟到大王》读了一遍又一遍，后来上幼儿园，大家问，菜虫你怎么又迟到啦，他就说，被下水道的鳄鱼咬住了书包。这符合阅读的一条原则，就是人类寻乐的本能。

菜虫五岁时，我做过一个实验。我拿了文字版的《安徒生童话》全集，打算读给菜虫听。我找到《丑小鸭》这一篇，这个故事菜虫知道，我想他也许会有兴趣。上床后，我开始念起来。菜虫一边玩耍，一边听——这是他的习惯，多年来多数时候都是我在读，他自顾自地玩，一直读到他感兴趣的内容，他才会凑过小脑袋，跟我靠在一起读下去。我读了一小会儿，菜虫一开始自己在玩，渐渐地不玩了，停下来，凝神听起来。又过了一小会儿，菜虫终于转到我身边，来检查我正在读的书，一看，全是字，没有图，就说：这是爸爸的书，我要听我的书。乃强行把《安徒生全集》拿走，放回我的书堆里。

这是我第一次给菜虫读文字书，以失败告终。这个阶段，菜虫完全不识字，他对文字没有丝毫感觉，并且他还认为，他的书，就是有大大的图画的那种。于是我换了一个绘本，情形回到了原来的轨道上。

孩子的认知，自是从简单到复杂：图片形象直观，易于吸引注意；文字简洁抽象，有赖于思维的发展。这需要循序渐进。孩子的大脑发育有一个过程，发育越成熟，他越趋向于理解这个复杂的世界，也开始能理解更为复杂的故事结构。良好的阅读，本身就是在刺激大脑，促进大脑的发育。因而，给孩子读越多的书，只要方法得当，孩子的头脑则越聪明。

不出所料，2013年下半年，菜虫突然对文字书感兴趣了。我尝试着给他念《巧克力秘闻》一书，出人意料，他很喜欢听。那好啦，我就开始给他念《纳尼亚传奇》第一册，他同样听得很带劲。接着是《恐龙的历史》，再接着是《哈利波特》第一册。

现在他会跟我去新华书店买书，买自己想买的书，以有拼音的文字书为主。某次在新华书店，菜虫买了光头强的画书，恰好碰到他班里一个女同学。女同学看见菜虫买的那些幼稚的书，就说，啊，还在看光头强啊，我都在读《红楼梦》了。请注意，这是一个二年级的小女孩。就我个人感受而言，我觉得这里有两个误区。第一，《红楼梦》未必适合二年级的小女孩读。第二，二年级识字这么多，并不代表三年级的时候识字仍然比菜虫多。

晚上九点半，我在书房，过去视察菜虫，他与虫妈一人一本书，卧在床上阅读。我严肃地说：都这么迟了，快睡觉。菜虫大怒：我还在看书呢，吵什么吵！

共读绘本的一年

2012 年 9 月，菜虫正式步入公办小学。在班主任的推荐之下，我成了他班里的课外辅导员。我觉得挺荣幸，至少我有更多机会去学校观察菜虫的生活。班主任很支持我，我便与她商定，先讲绘本故事。

前后约有一年，每个周二的下午，我都去菜虫班讲绘本。故事获得了一部分孩子的喜欢。必须如实指出，并不是所有孩子都喜欢，并且我认为他们有不喜欢的权利。原因有很多，比如我讲的过程，不是每一次都很美好。一则由于我所选的绘本，可能有些比较不让孩子们喜欢；一则也由于我有时候准备得不够充分；还有呢，孩子们的家庭背景各异，接受程度也不同。我还观察到，在一年级第一学期，已经有一些同学趁我讲故事时，开始做家庭作业了。从这几个孩子身上，我很悲哀地看到了我正在教授的一些高中生的影子，他们认为只有做试卷才是作业，此外空谈的，都是虚妄的。教育的功利主义，这些孩子从家庭里就接收到了，所以问题并非都要怪到学校教育上。

最后讲绘本的两次，我的控场不是很好。因为孩子们知道我不会厉声指责他们，就几个人一撮地自己玩游戏。最失败的一次，全班只有十多个人围着我听故事，其他孩子在追逐打闹。当然，菜虫的班人数比较多，有42个孩子，也是原因之一。讲绘本故事，其实只能有十个左右的孩子吧。二年级后，因为我更忙了，就没有再去。不过讲过一年故事的好处是显而易见的，去接菜虫放学，每个孩子都会很亲热地叫我，很远就叫：小蔡叔叔、菜虫爸爸……时至如今，还有好几个孩子，看到我，仍满怀期待地问我：虫虫爸爸，什么时候再来给我们讲故事啊。

就内容而言，我讲的基本上都是菜虫读过并比较喜欢的绘本。第一本是《小魔怪要上学》，因为这本就是他们正在遭遇的情况；最恶俗的两本是《憋不住、憋不住，快要憋不住了》和《屁》；最恶搞的是《大卫不可以》《大卫上学去》；最文艺的一本是《吃书的狐狸》；最温馨的一本是《逃家小兔》；而我个人最喜欢的是《活了100万次的猫》。有时候我也会响应孩子们的要求，讲他们建议的绘本，比如《搬过来，搬过去》。就现在绍兴的孩子而言，他们的阅读量都是很大的，不可能出现只读一本语文课本的情况。我到菜虫班里讲绘本的理由之一，是至少让这些孩子在进入图书馆、书店的时候知道，这些绘本是多么有趣；理由之二是因为，绘本是一种适得其时的读物，过了这个年龄段，就不太能起到深刻的塑造作用了。

去给孩子们读绘本，我的意图也很明确，我希望除课本外，孩子们能读到更多的故事。制度性的东西，是我个人无法改变的，但我们可以做力所能及的事情。这是我后来想通的一个观念，我在写《救救孩子：小学语文教材批判》一书时还没完全想通。即，在现在的条件下，课本尽管仍会起到举足轻重的对孩子们的塑造作用，但是我们未尝没有一丁点发挥的空间。比如，塑造孩子的文本养料是很丰富的，不仅仅只有学校教材，我们在选择课外书的时候，提供更多选项，是我们所能做的最重要的事情。这是我很坚定的一个信念。此外，所谓的“坚定”还在于，我对自己秉持的教育观念的信心，我懂得教育的秘密，所以，举世誉之而不加劝，举世非之而不加沮。

好了，这件事就是我的态度和做法。我一直说五个字：温和而坚定。就是这样，要温和而坚定地坚持我的教育观，同时要温和而坚定地守护孩子们纯洁的童年。

首先是温和。我绝不会与学校教育直接起冲突。我深知，观念可以激进，而实行需要谨慎。我反对现在以应试为唯一标准的学校教育体制，但我信任菜虫的班主任和任课老师个人，并且愿意跟老师们不断沟通。这并不矛盾。如今菜虫三年级了，尽管菜虫的考试成绩不好，但他喜欢现在的每一个老师。

老师也很喜欢菜虫，因为菜虫一年级进去，就是“萌萌哒”，加上人长得还蛮好看，一度被老师认为该年龄段最帅者，就占了好多便宜。菜虫自己也会区分，他一年级时认为英语老师最美，后来觉得数学老师最幽默，时常在餐桌上跟我们聊老师的幽默言行。我很乐意看到菜虫对自己学校老师的认同。

人云亦云，充满焦虑的父母，所在皆是也。消除焦虑最好的办法是父母自己加紧学习。我与虫妈也不是没有焦虑，但焦虑无用，改变自己的观念与做法，才是根本。

秋天，家校开放日，我接受菜虫班主任的邀请，去给菜虫的同学家长讲了一次儿童阅读。我自是欣然前往。菜虫这个小同学，尽管问题多多，但他有一点很好，就是思想很独立。现在开始写作文了，我想要去帮他，他就朝我白眼一翻：你写还是我写？他拒绝我的口授，完全自己写。嗯，好的呀，写作就是你自己的事情。不管你现在写什么，只要能在其中获得自由表达的快乐，我就放心了。

亲子共读：穿越童蒙与现实之境

要给孩子读一本童书，自然你得先把这本童书读一遍。一些著名的作者，则需要将其最有代表性的作品通读一遍。这是不言而喻的事。这样，作为儿童阅读的指导者，你才有可能知道，这些书是否会得到孩子的喜欢，以及，与孩子共读这些书的潜在价值。

我视野里最重要的儿童文学作家之一C. S. 路易斯，我就是这样读的。我在36岁之后才听说C. S. 路易斯之名，渐渐读他的书，《地狱来信》《痛苦的奥秘》之类，但因为自己的阅读倾向日益偏于少儿读物，所以留心最多的，还是《纳尼亚传奇》。读完这个小说，我就期待着跟菜虫共读此书的时光早日来临。也就是说，在给菜虫读《纳尼亚传奇》之前，我几乎将C. S. 路易斯的全部作品通读了一遍，对这个人有了较多的了解。我的想法是，菜虫一旦开始对复杂的故事感兴趣，我便将《纳尼亚传奇》作为他人生的第一本文字书。

时机的到来并不在预料之中，所幸我早就准备好了。2013年的下半年，菜虫刚读二年级，还不能自己独立阅读一本文字书，但对之前阅读的情节失于简单的绘本突然失去了兴趣。我琢磨着，恐怕可以了。忽一晚，睡前的阅读时光，我拿起《纳尼亚传奇》第一卷，就开始读下去，没有跟菜虫讲任何废话，径直地、自顾自地读下去。

之前，每一次读书，都需要征求菜虫的意见，由他选定一本书，我来朗读。这次，我没有给他选择的机会，直接开始读下去。菜虫仍在边上玩，翻跟头啊，枕头大战啊什么的，我不管，径直念下去：

从前，有这么四个孩子，他们的名字分别叫彼得、苏珊、爱德蒙和露茜。下面讲的故事就是他们亲身经历过的事情。

那是在战争时期，为了躲避空袭，他们被送离伦敦，来到一位老教授的家里。这位老教授的家在英国的中部，离最近的火车站有十英里远，离最近的邮局也有两英里。他没有老伴，和女管家玛卡蕾蒂太太以及另外三个仆人一起，住着一所很大很大的房子（这三个仆人一个叫爱薇，一个叫玛格丽特，还有一个叫蓓蒂，但她们在这个故事中出现的不多）。教授已经老态龙钟，一头蓬乱的白发。孩子们一来就喜欢上了他。但在头天傍晚，当他从大门口出来迎接他们一行的时候，他的这副怪模样使年龄最小的露茜感到有点害怕，而爱德蒙呢（除了露茜他年龄最小），却忍不住要笑，他只好一次又一次地装作擦鼻涕，这才没有笑出声来……

开头的几分钟并没有引起菜虫太多的注意。对于一个朗读者来说，这几分钟一定要经受住不被孩子注意的打击。如果因为孩子暂时不能安静下来而加以叱责，那恐怕你今晚的朗读要产生相反的效果了。父母的朗读对孩子来说是一段美妙旅程，声音里传递的是爱的信息，所以听朗读不是孩子的艰难任务，而是温暖陪伴。了解到这一点，那么对孩子以何种姿势来倾听，有何必要深究呢？

尤其我了解菜虫八年的读书习惯，他的特点就是，一边玩，一边始终在倾听我的声音。所以，当露茜进入衣橱，穿过层层的衣物，从衣橱那一端穿越，来到纳尼亚世界的时候，菜虫完全被吸引了。他探过头来，问道，爸爸，你在念什么书啊？

我没有被菜虫打断，根本不理他，继续念下去：

……她很快就发现，碰在她脸上和手上的已不再是软绵绵的皮毛了，而是一种又坚硬又粗糙甚至有点戳手的东西。“哎哟，这像树枝嘛！”露茜一声惊叫。这时，她看见前面亮着一盏灯。本来衣橱后壁只有几英寸远，但这盏灯看上去却在老远老远的地方。一种轻飘飘的冰冷的东西落在她身上。一会儿以后，她发现自己站在深夜的树林中，雪花正从空中飘落下来，她的脚下全是积雪……

直到羊怪出来，我才停下来，告诉菜虫，这本书叫《纳尼亚传奇》，是很好看的一本小说，我打算念给他听。之所以要到这里才停下来，是因为这里是最不应该停下来的地方。衣橱后面居然出现了一只羊怪，对一个八岁的孩子而言，是多么值得惊讶的一件事。但我就在这里停下来，跟菜虫说，这个故事好听吗？如果你喜欢，我就给你念下去。

自此以后，约有半个月，我们每天都在读这本书。场景变成了菜虫每晚都期待早点上床，然后他拿起《狮子、女巫和魔衣柜》，对我说，爸爸，快念。

这是菜虫能够理解复杂的故事情节之后，我给他念的第一本小说。因为是穿越的主题，半个月后，接下去我不失时机地给他念了《5 月 35 日》，同样是穿越衣橱，来到另一个奇妙国度。菜虫当然也很喜欢。但接下去的半年，我们家衣柜就遭殃喽。菜虫每晚都要躲到衣橱里去，希望穿越到纳尼亚世界。妈妈的衣服扔得满地都是，菜虫还加以践踏，或者拿起毯子当作斗篷，手臂前指形同超人。当然，因为这是在穿越，妈妈是不能有怨言的。所以第二天一早第一件事，便是整理衣橱。为什么不能埋怨呢？因为装扮与表演也是阅读的一部分，孩子正在情境之中，你的埋怨会将他拉回现实，这对故事是一种伤害。

非但如此，每天的讨论也必不可少。讨论的核心，最终会落到孩子最关心的问题上。读《纳尼亚传奇》过程中的一天傍晚，在去外婆家的路上，经过东大池公园，秋风已经吹落了湖边的柳叶，湖面波光粼粼，在踩树桩的菜虫突然开始跟我讨论魔法的问题，核心疑问是，这个世界上究竟有没有魔法。我觉得，读了《纳尼亚传奇》和《5 月 35 日》之后，菜虫有了哲学思考。

于是，这成了我与菜虫一段时间里最常探讨的问题。除了这两个小说，还有一个绘本叫《穿越魔镜》，一个电影叫《魔境仙踪》，也在我们的讨论之列，成为有力的佐证。最后我们得出的结论是：科学昌明之后，魔法就退隐了。这符合蒲柏说的一句话：大自然的奥秘浸没在黑暗中，上帝说，要有牛顿，于是世界一片光明。

那一天，深秋的风吹来，略有凉意，踩树桩的菜虫提出魔法是否存在的问题时，我想，有必要带着菜虫完成一次事实上的穿越。那么，如何完成菜虫的穿越呢？我就跟菜虫说，我们一起来写一个小男孩寻找魔法的故事吧。我要带着菜虫完成一次心理事实上的穿越。对于童蒙期的孩子而言，心理现实等同于物理现实，因而这个故事里必须有菜虫，故事的主人公可以叫别的名字，但必须有菜虫的明显痕迹。

2013 年的初冬，感冒大流行，诸多小学均有波及，菜虫自也不能幸免。晚上，我带菜虫去看急诊，医院人声鼎沸，人满为患。我领了号子，离开挨挨挤挤的急诊处，来到空荡荡的门诊大厅。这里夜晚没人，灯光幽暗，我与菜虫远离尘嚣，觉得也在远离病菌。等着医生就诊的近三个小时里，我与菜虫开始玩一个游戏，就是互相讲故事给对方听。就像《窃书贼》里描写的场景，故事，赋予了这段漫长的等待时间以意义，或许，《十日谈》也是这样诞生的吧。在给菜虫的讲述中，我逐渐形成了《寻找魔法的克力》这个故事的梗概。更重要的是，我是与菜虫一起完成这个游戏性写作的，主人公，一个男孩子叫克力，便是由菜虫命名。在接下去的两个月里，叙述与写作以及每写完一段后的朗读，赋予我们一家三口柴米油盐的日常生活以崭新的意义。

故事大致是这样的——

六岁的克力想要穿越，他想了很多办法，但都没有成功。包括跳进抽屉，来自《哆啦A梦》；以头撞镜，来自《穿越魔镜》；河边挖洞，来自《爱丽丝漫游仙境》；等等。在寻找魔法而不得的时候，克力逐渐成长为一个大孩子了，他爱上了科学，一些小发明开始更加吸引克力，克力成了科学少年。但就在克力成为科学少年不再相信魔法的时候，他从自家的衣橱里穿越了。确实，就是那个曾经每天要去捉迷藏的衣橱，当你想去寻找魔法时，遍寻而不得，当你不再奢望时，魔法奇迹就显现了。世界上的事情大致如此。

但穿越之后，令人惊讶的是，克力并没有来到纳尼亚世界，而是来到了自家的厕所，因为居室的结构，衣橱背后就是厕所。但最奇怪的是，穿越过去的厕所里，所有洁具都会说话，都活过来了。即是说，你从厕所的正门进去，所见无非抽水马桶之类的卫生洁具，而若你是穿越衣橱而到达，所见的洁具均有生命。尤其重要的是，这些洁具各有自己的尊严，曰：每一件洁具都有自己的梦想。

写这个故事习作，我花了两个多月的时间。完全是对《纳尼亚传奇》的戏仿和反讽。每次写完一段，我就读给菜虫听。等到克力穿越到厕所，抽水马桶张开双臂拥抱他那一段，菜虫听得高兴极了，手舞足蹈，之后几天都在念叨这个故事。就这样，不但在纳尼亚世界里，菜虫跟随故事完成了穿越，他还与爸爸一起，完成了又一次穿越，而且是创造性的穿越。

读厚厚的书，是为了跟你说浅浅的话

其实，我一直都很焦虑。2009年，我出版了第一本书，叫《阅读抵抗荒诞》，其中收集了大概30岁到36岁左右的一些读书笔记、教育评论。看这个书名就知道，那时候，我与世界的关系比较紧张，所以用了一个很里尔克的词汇：抵抗。

这之前几年，郭初阳出版了他的第一本课堂实录，书名叫《言说抵抗沉默》。后来，范美忠印行了他的文集《行走反抗虚无》。从这三个书名中，可以看到我们当时的思想姿态：执戟横站，像只螃蟹。

我的书名中有一个核心词，阅读。因为在我青春期之后，大概有二十多年时间，都把读书当成了一桩志业。有明确的读书计划，有比较规律的读书生活，还经常写读书笔记。但是其实我并不确定，我为何要读书。早年的很多理想，很久之前就放弃了，现在来谈，倒像是一个笑话。但很奇怪，既然一切都放弃了，为何还要读书？

现在人到中年，又读欧文·亚隆，逐渐明白到，焦虑的根源在于每个人固有的死亡焦虑，对生命意义的追问也在这种焦虑之中。人不能接受活着而无所事事的命运，所以苏格拉底才会说，未经省察的人生是不值得过的。也许，读书就是我当时唯一的反抗无意义生活的方式。弗洛姆说，有主动的生活，也有被动的生活。大概，读书让我觉得可以赋予生活以不同的可能性。

后来，我成为一个准书评人，读书甚至成为专业。但是始终不能解决的问题便是焦虑。这种焦虑最严重的表现便是自我否定，我在意今天比之昨日在思想认识上有没有进步。但不管怎么样，我最缺乏的便是自我认同。

我很少认可自己过去的所学所写所为，始终认为不断抵达并突破自我的认知边界，才是最重要的。所以你就理解，为何李宗盛的《山丘》会直抵人心。因为山丘在那里，你必须去。

但余下的全部，仍充满喧哗与骚动，什么也不能解除。当然，据说适当的焦虑其实也是有益的，这是一种本能的对生命意义的追问。问题在于，焦虑就是焦虑，要么年华老去，要么无所事事，都是时刻煎熬的焦虑，无法否认，也无法回避。

直到我成为一个新手父亲。

就像很多新手父亲一样，我手忙脚乱，头重脚轻，学习不足，准备欠佳，各种失误，在不到几个月的时间里，终于将孩子养成了白天睡觉晚上清醒、黑白颠倒的作息时间。于是，大概有10个月的样子，我与虫妈的任务是半夜抱着菜虫在卧室或者客厅里走来走去……

2006年世界杯，我要熬夜看球，而孩子不睡。刚好，我抱着他看球，菜虫吃奶粉，我喝啤酒。一边看球，我一边跟菜虫解释什么叫越位——这大概是世界杯最年轻的球迷了，才刚半岁。但即便只是抱着菜虫在后半夜的客厅里走来走去，我还是发现了一个奥秘：跟孩子在一起的时候，我的焦虑消失了，一丁点儿也没有了。是以，我在一个文章里充满惊喜地写道：唯有这个时候，时间也不再构成我的焦虑。

尤其是跟菜虫亲子共读的时候，我发现了世界上最美好的事。在很长一段时间里，如果我不回家给菜虫念书，他就不睡觉。这时候我发现我被需要了，我的全部价值无非就是跟菜虫讲最浅显的故事。

我读的书并不太多，却一直以为阅读可以抵抗荒诞，但事实却是，阅读从来没有能够帮我抵抗荒诞，阅读让我更加清晰地了解到，如果不解决根本问题，那么对于减轻个人的焦虑，读与不读，都意义不大。但当我与菜虫亲子共读时，我却发现了岁月静好，别无所求——你所鄙视的鸡汤，也成为这一瞬间的真理，比如，一切都是最好的安排。

2012年左右，我第一次理性而冷静地看到了自己的任务，我可以做一个儿童教育的介入者，做一个儿童阅读的关心者。这是因为，这一年，对我来说是重新发现自我的一年，我无比清晰地接纳了这一任务——内心深处所喜悦的一件事。

以前，我读厚厚的书，是为了解决心里的各种疑问，但终究未能解决。唯有跟孩子一起读书时，我心里很安定，就像《圣经》里的名句：我有平安如江河。确实，我放弃了很多另外的想法，但那些想法，可能本来就不是你的任务，你所悦纳的，才是你真正的任务。我把这叫作，重新发现理想。

相比我读过的童书，未读的童书浩如烟海；相比我以前读的经典原著，这些童书像春天里漫山遍野的杜鹃花，清新自然。但我并不后悔以前没读足够的童书，相反，以前的阅读也好，百般寻觅也好，只是为了成为自我发现的确证：读厚厚的书，是为了跟孩子们讲浅浅的话。

我在埃尔特的直播课在 2017 年第 1 季度将正式发布。我打算跟孩子们读几种书，都是浅浅的童书，但里面却有丰富的可能，以及漫长而宽广的道路。

我选的第一本书是《小王子》。因为小王子在任何一个年龄读，都会有这个年龄的所得。这是我最喜欢的童话，我想与孩子们一起再经历一次心灵的游历，也许，成长的核心要素，就在于心灵的成长。

我还选了我自己写的小书《为什么不能把所有东西买回家》。因为除了心灵成长之外，我们还要与这个世界相处，从柴米油盐乃至鸡毛蒜皮中，去建设我们自己的生活自由。

我是绝大多数专业学科的门外汉，但唯一不敢妄自菲薄就是，我一直是个读书人。我想跟孩子们讲一个浅浅的道理：孩子，你有权成为你想成为的人。这个浅浅的道理，我却用了几十年的时间，方才悟得。

孩子将长久铭记此刻与你的温柔共处

《朗读手册》的作者崔利斯，开始给自己的孩子读书时，其实并没有想多，他说：我给孩子读书只有一个原因——我爸爸给我读书。

菜虫还在妈妈肚子里的时候，有一次，虫妈畅想未来初为人母的生活，她描述道，最向往的时光便是——冬夜，睡前的床上，柔和的灯光下，妈妈给孩子读书。

今晚，我在写这个文的时候，菜虫的房间里，妈妈还在给他念中信社新出的漫画版《乔布斯传》。只是菜虫现在已经是一个很有主见的人了，在聆听的过程中，他经常会打断作为朗读者的爸爸或妈妈，加入自己的看法，或是疑义，或是判断。比如，当小学生乔布斯伪造海报把第二天设为“带宠物上学日”，结果第二天所有小朋友果真把宠物都带进教室的时候，菜虫笑死了，赞叹道：这么牛的！

2017 年，菜虫将要 11 周岁了，他当然已经能自己独立阅读，但作为父母，我们的睡前朗读从没有想过要停止。

我们在菜虫七个月左右的时候开始给他念书，11 年来没有一

共读时光里所流淌的即是亲子之爱，没有任何附加条件，也没有功利性的指向，简简单单，自然而然，令人心生欢喜。我想，也许将来，如崔利斯说的那样，我们的孩子也将会给他的孩子念书吧，只是因为祖父祖母曾经这么念书——爱的传递，大概就是这样吧。

个晚上中断。如果回老家，奶奶会戴着老花镜，用家乡口音的普通话给他念。如果旅行，就在行囊里塞几本书，都是菜虫自己选的，不管晚上睡在哪个城市，睡前的念书不可缺少。

有一次，菜虫尚小，我们去看什么演出，回来时间已晚，菜虫在车上睡着了。我直接抱他上床，以为他不会再醒来。结果回到自己房间不久听到他在哭，我们连忙去问究竟，原来，我们今晚没给他念书。于是我把昨晚没念完的书拿过来，将朗读的仪式重新演绎一遍，他才踏实睡觉。

有一本书叫《为爱朗读》，讲一个美国的单亲爸爸每天晚上给女儿读书的故事。如果说女儿是父亲注定失去的珍宝，那么在她长大之前，如何好好参与她的人生呢？这位孤独的单亲父亲，最大的财富是整整一个图书馆的书。于是，他开始给女儿念书，用了 3218 夜的陪伴，无一日消歇，诠释了什么是爱的真谛。

这本《为爱朗读》即将在 2017 年重版，我已经跟出版方提出，如果可能，我、虫妈，以及菜虫，一家人，愿意来做这本书的中国代言人。因为我们在陪伴菜虫成长的 11 个年头里，也是没有一个晚上不朗读的。亲子共读，成为我们最为享受的相处时光。

十年前，我与虫妈不知道《为爱朗读》这本书，也不知道《朗读手册》，只是作为一对新手父母单纯地享受着共读的时光，认为这是生命中最宝贵的事。爱的本质是时间，生命有限，时间珍贵，我们必得用自己最宝贵的时间与自己最爱的孩子一起共度。我认为，我们此刻与孩子的温柔相处，必将成为温暖孩子一生的独一无二的养料。

共读时光里所流淌的即是亲子之爱，没有任何附加条件，也没有功利性的指向，简简单单，自然而然，令人心生欢喜。我想，也许将来，如崔利斯说的那样，我们的孩子也将会给他的孩子念书吧，只是因为祖父祖母曾经这么念书——爱的传递，大概就是这样吧。

真如我以上所述的话，那么，在与孩子共读的过程中，除了爱以外，其他的理由，都不值一提。爱是唯一的、最有说服力的、最享受的、最不需要理由的方式。

但我还是想说一说，亲子共读在此之外的功利性目的。

比如，人类文明历时数千年，最有价值的部分便收藏在书籍之中，阅读是将自己置身于伟大的人文历史传承之中。

比如，亲子共读，能建立孩子必备的知识体系，引导他们最终踏上成功的阅读之。

比如，使孩子在脑海中，将阅读与愉悦联系在一起，帮他们建立终身阅读、终身学习的习惯。关于这一点，我曾在2015年的一个演讲中说过，未来不可预测，我们将无法把握孩子究竟会生活在怎样一个急剧变动的时代，那么，一切僵化死板、知识性的东西，已经没有用了，只有阅读是唯一且最重要的活动——因为阅读会让孩子以及成人不断学习，不断进步，从而在急剧变迁的时代，始终能够找到自身所在的位置。

至于亲子共读更多的好处，我们还可以批发式地表述为：阅读创造背景知识；阅读建立词汇基础；阅读树立一个阅读的典范。诸如此类，不胜枚举。

但我只想告诉你，归根到底，阅读首先是一件无功利的事，是一种莫大的乐趣，而亲子共读，则可以是你家里爱的最高表达式。

博尔赫斯曾说：在我的想象中，天堂就是图书馆的模样。

菜虫的妈妈则说：一天当中最温暖的时光，便是与孩子共读的时光。

图书在版编目（CIP）数据

我家有个小学生 / 蔡朝阳著 . 一 上海：上海社会科学院出版社，2017

ISBN 978-7-5520-2067-0

Ⅰ . ①我… Ⅱ . ①蔡… Ⅲ . ①小学教育 - 文集 Ⅳ . ① G62-53

中国版本图书馆 CIP 数据核字（2017）第 170030 号

我家有个小学生

著　　者：蔡朝阳
责任编辑：赵秋蕙
特约编辑：刘红霞
插画作者：肉丸子
封面设计：主语设计
出版发行：上海社会科学院出版社
上海市顺昌路 622 号　　邮编 200025
电话总机 021-63315900　销售热线 021-53063735
http: //www. sassp.org.cn　E-mail: sassp@sass.org.cn
印　　刷：北京彩和坊印刷有限公司
开　　本：889mm×1194mm　1/32
印　　张：8.25
字　　数：120 千字
版　　次：2017 年 11 月第 1 版　2017 年 12 月第 2 次印刷

ISBN　978-7-5520-2067-0/G·488　　　定价：46.80 元